Hohn der Angst

Dario Fo,
Italiens meistgespielter Dramatiker, geboren 1926, gehört seit den fünfziger Jahren zu den bekanntesten und erfolgreichsten Theatermachern überhaupt. Er ist Autor, Schauspieler, Pantomime, Regisseur und Theaterleiter in einem.
Bei Rotbuch sind lieferbar:
Mama hat den besten Shit, Rotbuch Taschenbuch 7
Bezahlt wird nicht, Rotbuch Taschenbuch 18
Ruhe! Wir stürzen ab, Rotbuch Taschenbuch 57
Geschichte einer Tigerin, Rotbuch Taschenbuch 1010
Einer für alle, alle für einen! Verzeihung, wer ist hier eigentlich der Boss? / Zufälliger Tod eines Anarchisten, Rotbuch Taschenbuch 1021
Elisabetta, Rotbuch Taschenbuch 31
Er hatte zwei Pistolen, Rotbuch Taschenbuch 331
zusammen mit Franca Rame:
Nur Kinder, Küche, Kirche, Rotbuch Taschenbuch 6
Offene Zweierbeziehung, Rotbuch Taschenbuch 29
bei EVA: Rame/Fo, *Die dicke Frau*, EVA-Taschenbuch 208

Zu diesem Buch:
Antonio Minelli, militanter linker Gewerkschafter bei Fiat, rettet zufällig bei einem Entführungsversuch dem Fiat-Boss Agnelli das Leben und liefert ihn mit seiner Jacke den Ärzten aus: Aus Agnelli wird der zweite Antonio. Das Chaos ist perfekt. Mit von der Partie: ein Kommissar, der den Fall seines Lebens wittert, ein Richter, dem – von der Polizei – in die Beine geschossen wird, Agenten der verschiedenen Geheimdienste und vor allem Antonios Frau Rosa und seine Geliebte Lucia, die Probleme haben, die beiden Antonios auseinanderzuhalten.
»Großartige Unterhaltung, gefiltert aus einem heißen Stoff.«
Frankfurter Rundschau

Dario Fo

Hohn der Angst

Eine Farce über die Entführung einer hochgestellten Persönlichkeit

Aus dem Italienischen
von Peter O. Chotjewitz

Mit einem Nachwort
»Die Angst des Politikers vor dem Lachen«
von Peter O. Chotjewitz

Rotbuch Verlag

Die Deutsche Bibliothek – CIP-Einheitsaufnahme
Fo, Dario:
Hohn der Angst : eine Farce über die Entführung
einer hochgestellten Persönlichkeit / Dario Fo.
Aus dem Ital. von Peter O. Chotjewitz.
Mit einem Nachwort »Die Angst des Politikers vor dem Lachen« /
von Peter O. Chotjewitz. Berlin : Rotbuch Verl., 1996
(Rotbuch-Taschenbuch ; 1028)
Einheitssacht.: Clacson trombette e pernacchie <dt.>
Früher als: Rotbuch ; 252
ISBN 3-88022-396-3
NE: Chotjewitz, Peter O.: Die Angst des Politikers
vor dem Lachen; GT

Rotbuch Taschenbuch 1028

Rotbuch Verlag, Hamburg 1996

Originaltitel: Clacson trombette e pernacchie

Bühnenvertrieb für den deutschsprachigen Raum beim
Verlag Autorenagentur, Frankfurt
Umschlaggestaltung: MetaDesign, Berlin
Druck und Bindung: Druckerei Wagner, Nördlingen
Printed in Germany

ISBN 3-88022-396-3

Erster Akt

Licht an. Während der ganzen Szene schwache Beleuchtung. Wir befinden uns auf einem Autofriedhof. Autowrackteile, aufgestapelte Reifen, Türen, Sitze etc.
In der Mitte der Bühne eine Metallbrücke, wie das Gerüst für einen großen Baldachin. Im Vordergrund zwei Autositze, auf denen ein Mann liegt – Rücken zum Publikum.
Lucia ruft von draußen.
Der Anfang fast überstürzt, aber auch während der weiteren Szene fallen die beiden sich mehrfach ins Wort. Lediglich die Gags und zentralen Aussagen werden betont gespielt. Bei Publikumsreaktionen wird der Dialog unterbrochen. Das Dialogtempo ist sehr variabel. Teile des Dialogs – wie die Bemerkungen zu den Zeitungsberichten – sind ans Publikum gerichtet.

LUCIA *außen* Antonio! Wo bist Du?! Antonio . . .

ANTONIO *erhebt sich* Hier! Hier bin ich! Mein Gott . . .

LUCIA Wo?!

ANTONIO Sofort! Schrei nicht so . . . Ich komme, Lucia . . . *ab*

LUCIA *außen* Endlich! Was ist passiert? Warum muß ich bis hier rauskommen?

ANTONIO Komm, komm! Hier draußen können wir nicht reden! Komm rein! *Beide kommen herein.*

LUCIA *innen* Warum? Was hast Du angestellt, Antonio? Warum hast Du am Telefon so durch die Nase gesprochen, wie ein Kamel, das Polypen hat!

ANTONIO Um nicht erkannt zu werden . . . Komm, setz Dich, oder nein: Zieh Dich aus, bevor ich erzähle . . .

LUCIA Was?

ANTONIO Zieh Deine Hose aus, mach Dir's bequem . . .

LUCIA Spinnst Du? Was soll das?

ANTONIO Mein Gott, willst Du mich nicht verstehn? Wenn die Polizei kommt, ist es besser, wir sind halbnackt und dabei, unzüchtige Handlungen zu begehen, die gegen die Moral verstoßen, als ... In der momentanen Situation, bei der augenblicklichen Spannung ... Was sollen die wohl denken, wenn wir hier sitzen und reden? Daß wir eine Verschwörung planen!

LUCIA Komm, sei kein Paranoiker! Sag mir lieber, warum Du gestern nacht nicht nach Hause gekommen bist. Du hättest wenigstens anrufen können ...

ANTONIO Wie soll ich anrufen, ohne eine Lira in der Tasche? Nachts um vier? Ohne Jacke?!

LUCIA Du hast hier übernachtet, ohne Jacke?

ANTONIO Laß Dir der Reihe nach erzählen ... Komm setz Dich ... *Er setzt sich auf den Autositz, sie setzt sich neben ihn. Ausgezogen hat sie sich nicht.* Heute nacht so um zwei, halb drei, war ich draußen an der Straße nach Mailand ...

LUCIA Nach Vercelli raus?

ANTONIO Ja, mit dem Wagen.

LUCIA Sag mal, was treibst Du nachts um zwei alleine mindestens zwei Kilometer außerhalb der Stadt?

ANTONIO Mit einem Arbeitskollegen unterhielten wir uns über die FIAT. Gestern haben sie wieder zwei Genossen gekündigt, angeblich, weil sie zuviel gefehlt hätten, aber dann stellte sich heraus, daß sie seit über einem Monat tot waren. *Gelächter* Sie verweigerten die Arbeit als Kadaver!

LUCIA *höhnisch* So, Du unterhältst Dich mit einem Kollegen über zwei Tote, und um nicht so aufzufallen, falls die Polizei kommt, zieht Ihr Euch aus und umarmt Euch ...

ANTONIO Du hast es erraten!

LUCIA Antonio, lüg nicht! Du hast Dich mit Deiner Frau getroffen.

ANTONIO Nein, nein, meine Frau habe ich seit einem Jahr nicht gesehen, das weißt Du. Aber selbst wenn, was wäre schon dabei? Mache ich Dir vielleicht Vorwürfe, wenn Du Dich mit Deinen Kollegen von der Universität triffst, wie gestern abend?

LUCIA Natürlich, und ob Du mir welche machst! Tagelang ödest Du mich damit an!

ANTONIO Gut, gut, ich öde Dich an und Du antwortest:

»Das geht Dich gar nichts an, ich will meine Freiheit, ich bin schließlich nicht mit Dir verheiratet!« Und dann erzählst Du was von einer offenen Zweierbeziehung. Also gut, gestern abend habe ich offene Zweierbeziehung gespielt, sperrangelweit offen. Wir waren zu dreizehn!

LUCIA So?! Und mit wem warst Du zusammen?

ANTONIO Ich war der Springer, falls einer mal ausfiel. Nein, im Ernst, ich war mit einer Arbeitskollegin zusammen ... Eine Delegierte aus der Fabrik.

LUCIA Ach, dann stimmt es also, daß Ihr Euch während der Streiks und Fabrikbesetzungen amüsiert ...

ANTONIO Jetzt schau Dir einmal diese Moralistin an. Wenn ein Arbeiter mit einer Delegierten ins Bett geht, ist er ein abartiges Schwein, oder? Du bist genauso eine blöde Gans wie meine Frau! Hast Du überhaupt eine Ahnung, in was für eine Situation ich geraten bin? Ich riskiere Kopf und Kragen!

LUCIA Du riskierst Kopf und Kragen, Antonio? Erzähl's mir. Ich schwöre, ich sag's nicht weiter ...

ANTONIO Hoffentlich, aber versprich's mir, sonst ... Himmel, wie bin ich nur auf die Idee gekommen, mich da einzumischen. Ich sitze da draußen nichtsahnend mit diesem Mädchen, auf einmal sehe ich von hinten vier Scheinwerfer kommen ... Zwei Autos mit hoher Geschwindigkeit, die nebeneinander herfuhren. »Himmel«, sage ich, »jetzt schau Dir diese Wahnsinnigen an, machen Wettrennen um zwei Uhr nachts. Auf so einer holprigen Straße, wenn die ins Schleudern kommen, die brechen sich das Genick!« Ein Auto versuchte das andere zu überholen, ein großer FIAT 132, ein gewaltiger Schlag – PIMMM PAMMM RATTATTATA ... PLOFFF! – der 132 fliegt zehn Meter weit durch die Luft, ein Mordsgetöse! Der andere Wagen kopfüber auf die Fahrbahn! RUMMSS! Alles ein Matsch!

LUCIA Das glaube ich Dir. Und was hast Du gemacht?

ANTONIO Ich bin sofort aus meinem kleinen 128 raus zu dem 132 gerannt, die Türen aufgerissen, alles ein Qualm, sage ich Dir. Ich huste, mir tränen die Augen, dann ziehe ich dreie heraus, sie waren zu viert da drin, halberstickt. Am übelsten war der vierte zugerichtet, den hättest Du sehen müssen. Er war mit dem Kopf direkt gegen die Windschutzscheibe geflogen und plattgequetscht wie eine Briefmarke. Ich versuche, ihn rauszuziehen, er war total eingeklemmt . . .

LUCIA Oh, Jesus!

ANTONIO Ich kriege ihn endlich los, hole ihn raus und lege ihn hin. In dem Augenblick explodiert der Tank – ZÄSCH! – eine riesige Stichflamme, uns beiden voll ins Gesicht!

LUCIA Nein!

ANTONIO Nein, nicht uns beiden! Nur ihm! Wie ich die Stichflamme sah, habe ich ihn instinktiv hochgerissen und vor mich gehalten – ZACK! Nicht etwa mit Absicht. Das ist der Instinkt, daß Du so machst: ZACK! Aber er: Ein Brathähnchen! Du hättest ihn sehen sollen: Völlig verbrannt. Der stand lichterloh in Flammen. Ich habe ihm sämtliche Sachen vom Leib gerissen, auch die Hose, alles, und ihn in meine Jacke gewickelt, um die Flammen zu ersticken.

LUCIA Also ich muß sagen, Du bist zwar ein geiler Bock, aber großmütig!

ANTONIO Und obendrein ein Idiot! Wenn ich mich nur nicht darum gekümmert hätte!

LUCIA Apropos kümmern: Deine Genossin, die Delegierte . . . Hat die alles an Dich delegiert oder mit angefaßt?

ANTONIO Aber wo, abgehauen ist sie! Kaum daß sie die Flammen sah, hat sie ihre Sachen geschnappt und ist aus dem Auto gesprungen, halbnackt. Wie sie war.

LUCIA *spöttisch* So, halbnackt war sie . . . und Du?

ANTONIO Ich nicht! Ich hatte meine Jacke an! Ohne Hose, aber obenrum immer penibel! Ein bißchen Anstand braucht der Mensch!

LUCIA Moment mal, Moment mal, Antonio, hast Du eine Ahnung, wer das war, den Du aus dem brennenden Wagen geholt hast?

ANTONIO Nein. Wieso? Du etwa?

LUCIA Ich habe einen Verdacht . . . Hast Du mal überlegt, daß das womöglich kein gewöhnlicher Unfall war, sondern ein mißlungener Entführungsversuch?

ANTONIO Ich bin doch nicht blöd! Natürlich! Aber erst

später. Als sie auf mich geschossen haben!

LUCIA Sie haben auf Dich geschossen? Wer, wann?

ANTONIO *immer noch ziemlich ratlos* Du, immer der Reihe nach, sonst versteht man rein gar nichts. Also: Ich ziehe den Eingeklemmten heraus, lösche ihn, wickle ihn in meine Jacke, und auf einmal merke ich am Husten, daß die drei Halberstickten wieder etwas zu sich kommen. Ich rufe: »He, Ihr da, kommt mal her und helft mir. Der hier muß sofort ins Krankenhaus.« Aber die husteten bloß ein bißchen und rührten sich nicht von der Stelle. Alles mußte ich alleine machen. Habe den Halbtoten unter den Armen gepackt, zu meinem 128 gebracht und reingepackt. Wie ich den Motor anlasse, in dem Moment: TACK ZISCH BOING IIIING! »Wer war das?!« Die Halberstickten! »Ihr Dreckskerle! Ich rette Euch das Leben, hole Euch aus Eurem Auto raus und Ihr benutzt mich als Schießscheibe!« Ich: Gas, Scheinwerfer auf und voll auf sie zu! Sie sprangen umher wie die Frösche. Aber wie ich in Höhe des zweiten Wagens bin, der, der auf die Nase gefallen war, »die sind bestimmt alle tot«, sage ich mir – aber nein! Fangen die ebenfalls zu schießen an! Es war die Nacht der lebenden Leichen! Die Stunde der Zombies! Ich kam mir vor, wie eine Zielscheibe! PING PENG PING PENG! Ich möchte nicht wissen, wie ich da rausgekommen bin, aus diesem Show-Down, ohne auch nur eine einzige Kugel abzubekommen.

LUCIA Das ist ja entsetzlich! In was für einer Welt leben wir nur?

ANTONIO Das war noch nicht alles. Ich komme an den Kreisel an der Porta Susa, wo immer der Krankenwagen steht, vom Roten Kreuz, an der Ecke da . . .

LUCIA Genau, da ist ein Posten . . .

ANTONIO Ja! Halte an und rufe den Sanitätern zu, sie sollten sich den Halbzermanschten holen. Die kommen mit ihrer Bahre und stellen sofort einen Haufen dumme Fragen, als sie ihn sehen: *übertrieben* »Haben Sie das gemacht? Ist das Heimarbeit oder Industrieware?« Ich merkte sofort, daß sie dachten, ich hätte ihn so übel zugerichtet, also sage ich: »Hören Sie, das dauert zu lange, Ihnen die Geschichte jetzt zu erzählen, fahren wir lieber zur Ersten Hilfe, da ist immer Polizei, der erzähle ich die ganze Sache.« – »Also gut, folgen Sie uns!« Sie fahren vorneweg mit dem Verletzten, ich hinterher. Wir kommen zum nächsten Kreisel, an der Kreuzung – JIIIJJHHHHIIING! – biege ich nach rechts ab und bin verschwunden!

LUCIA Warum denn das, Antonio?!

ANTONIO Weil ich plötzlich Schiß hatte. Ich sah mich auf einmal vor der Polizei stehen . . . die verhören mich, ich erzähl denen was und daß ich rein zufällig da draußen war und mit der Entführung nichts zu tun hatte! Die hätten mich doch sofort verhaftet, mich grün und blau geschlagen und zum Schluß kommt die Antiterrorabteilung persönlich und ich muß den umgedrehten Terroristen spielen, der reumütig alles zugibt!

LUCIA Du hast recht, Du hast recht, es ist zum Verrücktwerden. Soll ich Dir sagen, wen Du gerettet hast?

ANTONIO Wieso, wen habe ich gerettet?

LUCIA Agnelli! *gesprochen: Anjelli* Den reichsten und mächtigsten italienischen Kapitalisten und Industrieboß, Agnelli.

ANTONIO *sehr leise* Mein Gott, Agnelli. Ich habe den Agnelli gerettet?

LUCIA Glaub mir. Heute früh haben sie es im Fernsehen gebracht. Sondermeldung: »Die Entführung ereignete sich gegen zwei Uhr nachts in einem Vorort von Turin.« Das ist Dein Zermatschter.

ANTONIO *leise* Agnelli . . . *lauter* Das war der Agnelli . . . *ruft* Ich habe den Agnelli gerettet! *schreit* Der Agnelli! Ich habe ihn umarmt! Ich habe ihm meine Jacke gegeben! Dem Agnelli! Wenn das die Genossen in der Fabrik erfahren! Die stellen mich an die Wand und *macht einige schnelle spuckende Geräusche* spucken mich tot! *wieder normal* Und das bei der augenblicklichen Grippewelle. *wieder nachdenklich* Agnelli! Agnelli! Aber warum hast Du mir nichts gesagt? Warum läßt Du mich hier stundenlang erzählen?

LUCIA Weil ich erst sicher sein wollte. Ich habe Dich nicht unterbrochen, um Dich nicht zu beeinflussen. Das wird Dir eine Lehre sein, Dich mit einer Betriebsrätin einzulassen!

ANTONIO Recht hast Du. Das ist die gerechte Strafe! Wer mit einer Betriebsrätin schläft, den bestraft der liebe Gott persönlich und läßt ihn den Agnelli retten! Mach weiter. Was haben sie sonst noch gesagt im Fernsehen?

LUCIA Erst haben sie die Nachricht gebracht: »Der Präsident des weltweiten FIAT-Konzerns ist heute entführt worden.« Dann die Aussagen der Leibwächter Agnellis, die Entführer hätten sie überholt und mit einer Bazooka gegen die Scheibe der Vordertür geschossen ...

ANTONIO Mit einer Bazooka ...?

LUCIA Die Scheibe sei zersprungen, obwohl sie aus Panzerglas war. Die Granate sei im Wageninneren explodiert, wobei sie eine Giftwolke versprüht habe, durch die die Leibwache betäubt wurde.

ANTONIO *schrill* Eine Granate!

LUCIA *ruhig, sachlich* Ja ...

ANTONIO Daher die Qualmwolke!

LUCIA *fast wie eine Nachrichtensprecherin* Weiter hat die Begleitmannschaft ausgesagt, daß sie so rechtzeitig wieder zu sich gekommen wären, um einen Komplizen der Terroristen zu beobachten, der auf sie offensichtlich schon einige Zeit gewartet hätte und dort Posten stand.

ANTONIO *krächzend* Natürlich! Ein guter Komplize steht immer schon seit einiger Zeit auf seinem Posten! Ich stand Posten, nur mit Jacke, um nicht so aufzufallen! Falls irgend jemand kommt, damit er keinen Verdacht schöpft, sondern sich denkt: »Der schnappt nur ein bißchen Luft!«

LUCIA Aber sie haben gesehen, wie jemand den leblosen Agnelli in einen FIAT 128 geschleppt hat und geflüchtet ist! In Deinem Wagen!

ANTONIO Da siehst Du! Sie haben mich! Ich bin ein Komplize der Terroristen. Mehr noch! Der Kopf der Entführerbande! »Du spielst den barmherzigen Samariter, Du Blödmann, riskierst Dein Leben für einen Unternehmer, der mit Deiner Existenz spielt wie andere 17 und vier! Der uns entläßt, wie es ihm paßt, Tausende von Arbeitern einfach rausschmeißt! Der uns wie Geiseln behandelt und nächstes Frühjahr setzt er 40 000, 50 000 vor die Tür!« Und diese blöden Schäfchen . . . *blökt und hüpft umher* Dieser Drecksack!

LUCIA Einverstanden, er ist ein Drecksack! Aber was erreichst Du damit, wenn Du die Sache dramatisierst? Sobald er im Krankenhaus wieder zu sich kommt, wird er sagen, wer er ist, und daß Du ihm das Leben gerettet hast und alles ist wieder im Lot.

ANTONIO Natürlich, sobald er aufwacht, schaut er sich um und sagt: »Wo ist er?! Wo ist dieser Arbeiter ohne Hosen, der mir das Leben gerettet hat?! Bringt ihn mir her! Ich will ihn heiraten, ganz in Weiß mit Schleier und Schleppe!« Der gerade! *lacht höhnisch* Der Agnelli! Bevor der mich wiedererkennt . . . daß einer seiner Arbeiter ihm das Leben gerettet hat . . . verliert der lieber das Gedächtnis für ewig! Der wird zum Kaspar Hauser Nummer zwei, der!

LUCIA Du übertreibst schon wieder.

ANTONIO Ganz abgesehen davon, daß es ein Wunder wäre, wenn er sich auch nur an seinen Namen erinnern sollte, falls er überhaupt noch einmal aufwacht! Wie heißt Du? – Maamma!«

LUCIA War er wirklich so übel zugerichtet?

ANTONIO Am übelsten haben sie mich zugerichtet, je länger ich darüber nachdenke! Kannst Du Dir vorstellen, daß die Sanitäter mich aus zwei Metern Entfernung gesehen haben? Schon heute ist mein Steckbrief in sämtlichen Zeitungen. Mein Phantombild! Mit Bildunterschrift: »Der Anführer der Terroristen in Piemont, Lombardei und Kanton Tessin?«

LUCIA In der Zeitung ist Dein Bild jedenfalls nicht. Da schau . . .

ANTONIO Was ist das für eine?

LUCIA Extraausgabe. *Sie holt aus ihrer Handtasche eine Zeitung.* Die ist höchstens eine Stunde alt.

ANTONIO *nimmt sie ihr weg* »Zahlreiche Telefonanrufe terroristischer Gruppierungen von rechts und links sind bei den Redaktionen eingegangen . . .« Das ist normal. Das ist immer so. »Es wird angenommen, daß die Entführung Agnellis durch den libyschen Geheimdienst ausgeführt wurde ... Palästinenser oder Perser. Beziehungsweise durch die Mafia auf Veranlassung eines inhaftierten Großbankiers, der die Operation persönlich aus seiner Zelle in einem New Yorker Gefängnis geleitet haben soll. Der Ministerpräsident erklärt, mit der Entführung solle die Stabilität der Regierung gefährdet werden, und hat das Rücktrittsangebot des Innenministers zurückgewiesen!« Dieser Innenminister ist wirklich immer zum Rücktritt bereit! *ahmt die Stimmen des Ministerpräsidenten und des Innenministers nach* »Herr Innenminister!« – »Zur Stelle! Hier mein Rücktrittsgesuch!« *spielt den Minister, der sein Rücktrittsgesuch überreicht* Der ist unheimlich leicht einzuschüchtern. Kaum daß jemand ruft: »Also diese Christdemokraten und dieser Bestechungsskandal . . .« — »Rücktritt!« Und der Ministerpräsident: *süßlich* »Aber das kann ich doch nicht annehmen!« Machen wir weiter: »Der Generalsekretär der sozialistischen Partei hat die Regierung ermahnt, der Erpressung nicht nachzugeben, und den Vorsitz im Aufsichtsrat zweier Banken verlangt. Die Kommunisten fordern den sofortigen Rücktritt der gesamten Regierung.« Gut so. »Und des Vorsitzenden der sozialistischen Partei.« Genehmigt! »Der libysche Staatschef Ghaddafi erklärt, er besitze Beweise, daß die Entführung das Werk des ägyptischen Präsidenten Sadat und des israelischen Geheimdienstes sei und daß er deshalb, wenn Agnelli nicht binnen 24 Stunden freigelassen wird, den Befehl geben wird, sämtliche in Italien ansässigen libyschen Staatsbürger hinzurichten.« Der Heilige Vater! *mit großer Betonung und anschließender Pause* Der Roboter Gottes! Das kann kein menschliches Wesen sein! Was der für eine Kraft hat! Abgesehen davon, daß er allgegenwärtig ist. Ständig fliegt er umher, landet, küßt die Erde, steigt wieder auf, küßt abermals die Erde. Immer ist er voll Erde! Dann küßt er die Kinder und macht sie ganz schmutzig! Als zum Beispiel dieses Erdbeben war, wer war der erste? Er! In seinem Hubschrauber! Drei Tage lang gab es keine Hilfsmittel. Die Menschen verhungerten unter den Trümmern. Nur hier und da streckte einer den Kopf aus den Trümmern:

»Hiilfe! Hiilfe!« – »Ich glaube, sie kommen, ich höre ein Motorengeräusch!« Brromm, brrromm! *Er ahmt einen Hubschrauber nach.* Der Hubschrauber Gottes! Er kommt! Der Heilige Vater! Streckt diese weiße Hand aus dem Fenster! *ahmt die Opfer nach* »Hiilfe! Hiilfe!« Und er: »Bapamm!« *erteilt den apostolischen Segen als sei er Zeus, der Blitze entsendet* »Hiilfe!« – »Bapamm!« Nicht einen hat er ausgelassen. *schreit* »Wir haben Hunger!« – »Pappamm!« Er wirft Pakete mit geweihten Hostien aus dem Hubschrauber: »Zäsch! Zäsch!« *gibt Geräusche von sich, als feuere er Raketen ab* Welch eine Kraft! *Er wendet sich wieder der Zeitung zu.* »Der Heilige Vater bricht den Rekord des Vorsitzenden der radikalen Partei und bietet sich selber und dreizehn Kardinäle an im Austausch gegen Agnelli – darunter zehn Farbige! Der Krieg zwischen Iran und Irak aus Solidarität mit der Familie Agnelli unterbrochen! Die Gewerkschaften!« Sind natürlich auch dabei! »Um gegen terroristische Gruppen zu protestieren, die die Arbeiterschaft der FIAT infiltriert haben, ruft die Gewerkschaft den Generalstreik aus. Sie werden nichts unversucht lassen, um die Beschäftigten des Konzerns zu bewegen, aus eigenem Antrieb eine Lohnkürzung von 15 Prozent zu akzeptieren – zugunsten des Hilfsfonds für entführte Industrielle!«

LUCIA Da siehst Du. Die üblichen Aprilscherze. Über Dich und den Entführten im Krankenhaus kein Wort. Glaube mir, morgen früh gehst Du wieder in die FIAT zur Arbeit, als wenn nichts passiert wäre.

ANTONIO Nein, nein, ich warte erstmal vier bis fünf Tage, wie sich die Sache entwickelt. Womöglich suchen sie mich doch noch ... *schaut immer noch in die Zeitung und hält perplex inne*

LUCIA Was ist?

ANTONIO Sie haben mich schon gefunden!

LUCIA Wo?

ANTONIO Da schau: »Lebensgefährlich verletzter Arbeiter von einem Unbekannten beim Roten Kreuz abgegeben und sofort in die Intensivstation verlegt. Der Verletzte ist ein gewisser Antonio Beradi, 54 Jahre alt, Facharbeiter im FIAT-Werk Mirafiori. Das Gesicht des Eingelieferten ist durch Brandwunden bis zur Unkenntlichkeit entstellt. Die Ehefrau, Rosa Minelli, konnte dank der Papiere, die der Verletzte bei sich trug, ausfindig gemacht werden und wurde für die vorgeschriebene Identifizierung ins Krankenhaus bestellt. *Er ist völlig perplex, dann lacht er und greift sich an den Kopf.* Natürlich, er trug meine Jacke! *Lacht* Mit sämtlichen Papieren: Führerschein, Parteibuch der kommunistischen Partei, Gewerkschaftsausweis. *Er stutzt.*

LUCIA Was ist?

ANTONIO *ruft* Der Präsident der FIAT ist in der Gewerkschaft! *lacht unbändig* Falls er sterben sollte, beerdigen sie ihn mit roten Fahnen!

LUCIA Willst Du damit sagen, Deine Frau erkennt ihn nicht und verwechselt Dich mit Agnelli?

ANTONIO Hör auf, meine Frau für eine arme Irre zu halten, die in geheimer Mission unterwegs ist! Das Ganze ist eine Falle!

LUCIA Was heißt Falle?

ANTONIO Den Artikel haben sie extra veröffentlicht, damit ich drauf reinfalle! Ich gehe ins Krankenhaus: »He, Rosa, mach keinen Fehler, das bin ich nicht, ich bin hier, der da ist ein anderer!« Und schon: ZACK! »Dümmster Terrorist des Jahres verhaftet!«

LUCIA Vielleicht hast Du recht, Du mußt eine Weile untertauchen und abwarten, was passiert ...

ANTONIO Ja, und Du gehst inzwischen ins Krankenhaus und versuchst rauszukriegen ... *Der Rest des Satzes geht im Geheul einer Polizeisirene unter.*

ANTONIO *erschrocken* Polizei! Sie kommen! Rasch, leg Dich hin! Wir tun so, als schlafen wir miteinander ... *Sie legen sich hinter den Autositz, so daß man nur ihre Füße sieht.*

LUCIA Ich glaube, Du spinnst! Hör sofort auf!

ANTONIO Mach rasch, sie kommen!

LUCIA Aber Du tust nicht nur so. Du versuchst wirklich ...

ANTONIO Natürlich, oder meinst Du, die Polizei ist blöde?! Wenn wir nur so tun, das fällt sofort auf!

LUCIA Oh, nein Antonio, aufhören. *Sie steht auf und ordnet ihre Kleidung.*

ANTONIO *steht ebenfalls auf* Was ist? Was gibt's? Hast Du die Pille nicht genommen?

LUCIA Doch. *Die Sirene ist abermals zu hören, jetzt aber in größerer Entfernung.* Aber sie kommen nicht hierher. Hörst Du? *Sie steht auf und geht zum Ausgang.* Es ist nicht mehr nötig, daß wir uns lieben! *Geht ab.*

ANTONIO *ruft aufgebracht hinterher* Was heißt, es ist nicht mehr nötig?! Sind wir schon so weit gekommen, daß wir uns nur noch lieben dürfen, wenn die Polizei kommt?

Licht aus. Harter Musikeinsatz.

Intensivstation im Krankenhaus. Vier Krankenpfleger laufen hin und her in grünen Kitteln und mit grünen Mützen, wie man sie im Operationssaal trägt, Plastikhandschuhen und clownesk übertriebenen antiseptischen Gesichtsmasken. Sobald das Licht aufleuchtet, tragen die vier Krankenpfleger mit komischen Bewegungen die Gegenstände der vorigen Szene (Autofriedhof) hinaus und bringen die neue Einrichtung herein. Elektronische Apparate und zwei Bürostühle auf Rädern. Das Gerüst bleibt. Wenn alles an seinem Platz steht, werden die Gegenstände mit Zellophan abgedeckt, um eine keimfreie Atmosphäre anzudeuten. Ein Krankenpfleger stellt eine große silberbronzierte Büste auf einen Sockel, gut sichtbar, und bedeckt sie ebenfalls mit Zellophan. Rosa Minelli, Antonios Frau, und der Arzt treten auf. Die Frau stößt fast gegen die Büste.

ARZT *im Hereinkommen* Bitte, Frau Minelli, hier entlang ...

ROSA Mein Gott, wer ist das?

ARZT Die gesamte Intensivstation gehört zur Stiftung Agnelli! Und das ist die Büste von Herrn Agnelli!

ROSA Ach so? Ich dachte, es wäre ein Heiliger. *Ein Pfleger hält ihr einen Kittel hin.* Soll ich das anziehen?

PFLEGER Gewiß! *Er hilft ihr in den Kittel.*

ROSA Oh, danke!

ARZT *während er sie auf einen der Bürostühle drückt* Falls

Sie sich nicht stark genug fühlen sollten, verschieben wir die Identifizierung auf später! Er ist übel zugerichtet!

ROSA *jammernd* Aber nein, Herr Professor, seien Sie unbesorgt. Ich will ihn sehen . . . sofort.

ARZT *zu einem der Pfleger* Bleiben Sie dicht bei ihr, man kann nie wissen. Sie fangen sie auf, falls sie ohnmächtig wird.

ROSA Aber nein, Herr Professor, ich werde nicht ohnmächtig! Ich bin ganz entspannt, wirklich!

ARZT Meine Liebe, selbst wir waren erschüttert, obwohl wir einiges gewöhnt sind! Er ist völlig entstellt!

ROSA Entstellt?! Mein armer Antonio! Und er hatte so ein offenes Gesicht! *plötzlich nüchtern* Was machen Sie denn da mit mir? *Zwei Pfleger ziehen ihr durchsichtige Plastiktüten über die Füße, wie die Filzschuhe, die man in Schlössern anlegen muß.* Ach so, um den Fußbodenwachs zu schonen, wie dumm von mir. *wieder weinerlich, während die Pfleger ihr durchsichtige Plastikbeutel über die Hände ziehen* So ein offenes Gesicht hatte er, so sympathisch. Mir gefiel er jedenfalls, ich schäme mich nicht, Ihnen das zu sagen, Herr Professor. Ich mochte ihn noch immer, obwohl er es nicht verdient hatte, nach dem, was er mir angetan hat. Wenn Sie wüßten, was ich durchgemacht habe!

ARZT Geben Sie ihr eine Lösung mit 20 Tropfen Asvanol Complex . . .

ROSA Aber nein, Herr Professor, kein Complex, das ist wirklich nicht nötig. Ich sage Ihnen doch, mein Mann und ich . . . *plötzlich kalt* Er ist für mich wie ein Fremder!

ARZT Gewiß doch, eine reine Vorsichtsmaßnahme. Ich möchte nur einen Schock vermeiden. Es ist leider Vorschrift, daß Sie ihn identifizieren müssen. Die Tatsache zum Beispiel, daß Sie ihn vorhin auf dem Gang nicht wiedererkannt haben, als er vom Röntgen kam, und überrascht waren, weil er so mager ist im Vergleich zu früher . . .

ROSA *wieder weinerlich* Ja, aber dann habe ich gleich gewußt, warum er so abgemagert ist. Das ist nur wegen dieser Frau, die ihn mir abspenstig gemacht hat. Stellen Sie sich vor, was er alles machen mußte, sogar Jogging!

Einen Arbeiter von über 50 Jahren, auch wenn er Facharbeiter ist, läßt sie in einem roten Trainingsanzug herumlaufen, mit einer roten Kappe auf dem Kopf und ebensolchen Schuhen! Daß er aussah, was weiß ich ... Wie ein wildgewordener Weihnachtsmann! Und dann erst, was er zu essen bekam! Sie ist eine von diesen Fanatikerinnen, die immer nur Körner essen. Alles aus Schrot: Schrotbrot, Schrotplätzchen, Reis und Körner mit Schale und Hülsen. Wahrscheinlich mußte er sogar die Nüsse mit der Schale essen!

Kurze Musik. Auf ein Zeichen des Arztes wird der falsche Antonio (Doppelgänger) hereingefahren. Er liegt auf einem Operationstisch. In Wahrheit handelt es sich um eine völlig einbandagierte und gegipste Puppe. Die Pfleger lassen Schnüre über Rollen an dem Gerüst laufen und befestigen die Gliedmaßen der Puppe daran, so daß Arme und Beine, aber auch die ganze Puppe hochgehoben werden können.

ARZT So, Frau Minelli, kommen Sie bitte her und seien Sie stark!
Rosa will sich erheben, aber ein Pfleger rollt sie mit dem Stuhl an den Operationstisch.

ROSA *zum Pfleger, kokett* Oh, Sie fahren mich hin?! Danke! *Sie erhebt sich etwas und spricht mit der Puppe.* Antonio! Oh, mein Antonio! Was haben sie nur mit Dir gemacht?! *hat einen Schwächeanfall und wird vom Arzt und einem Pfleger gestützt*

ARZT Auf, auf, fassen Sie sich. Tief durchatmen!

ROSA *hysterisch* Seine Nase! Er hat keine Nase mehr! Alles ein Matsch! Wo er doch so unter Nasenentzündung litt!

ARZT *drückt sie auf ihren Stuhl zurück* Frau Minelli, entspannen Sie sich; ganz ruhig.

ROSA Auch das Kinn! *Ein Pfleger versucht sie wegzuschieben. Sie streckt dem Verletzten die Arme entgegen.* Näher! Näher!

ARZT *Zum Pfleger* Nein, weiter weg!

ROSA Das Kinn! Auch das Kinn! Es ist alles weg. Nur die

Ohren hat er noch! Antonio! Antonio! Herr Professor, er hat zwei Ohren, aber er hört mich nicht! Antonio!

ARZT Natürlich! Er ist völlig bewußtlos! *zu einem Pfleger* Rasch, die Tropfen!

ROSA Oh, mein Gott, und da spricht man von Kriminalität und Terrorismus . . . Und was ist das da? Nur die Schuld seiner Vorgesetzten! Bestimmt mußte er wieder einen defekten Umschalter reparieren, in wer weiß was für einer Höhe und ohne Sicherheit. KRÄSCH! Ein Aufprall! Todessalto ohne Netz! Wie im Zirkus Sarasani!

ARZT Aber nein, Frau Minelli, der Unfall hat sich nicht im Zirkus Sarasani ereignet, ich meine in der FIAT!

ROSA *schlau* So, und woher wissen Sie das? Waren Sie etwa dabei?

ARZT Nein, aber die Versicherungsabteilung des Krankenhauses hat den Vorgang überprüft. Ihr Mann war gestern nachmittag nicht auf der Arbeit.

ROSA Oh, mein Gott, mein Gott! Aber wo ist es dann passiert?

ARZT Vielleicht überfahren worden, auf der Landstraße, irgendein Ritter der Landstraße. Der Mensch, der ihn beim Roten Kreuz abgeliefert hat, ist sofort wieder abgehauen.

ROSA *aggressiv* Er ist abgehauen?! Verschwunden?! Dieser Drecksack! Der Blitz soll ihn treffen, daß er den Veitstanz kriegt! Gott strafe ihn mit dem galoppierenden, eitrigen Tripper, daß ihm sämtliche Zähne ausfallen! *wieder weinerlich* Ach, Antonio, lieber Antonio! Welch ein Unglück! Wenn Du nur bei mir geblieben wärst. Ich wette, sie haben ihn beim Jogging überfahren. Es ist alles nur die Schuld von diesem Flittchen! *nüchtern* Herr Professor, darf ich die Leiter hinauf? *Am Fußende des Operationstisches steht eine Leiter.*

ARZT Bitte, wie Sie wollen . . .

ROSA *im Hinaufsteigen* Ich will meinen Mann von oben sehen . . . *oben* Von oben sieht er genauso entsetzlich aus!

ARZT Bitte achten Sie vor allem auf die Hände. Erkennen Sie sie wieder?

ROSA Nein! Wie soll ich die wiedererkennen? Sie sehen ja aus wie zwei Fleischklumpen! Entsetzlich! Die Hände erkenne ich erst, wenn sie wieder heil sind. Er wird doch wieder gesund, nicht wahr, Herr Professor? Schwören Sie mir, daß er wieder gesund wird.

ARZT Natürlich, Frau Minelli, ich versichere Ihnen, wir tun unser Bestes ... Ihr Mann ist sehr robust.

ROSA Er ist stark, ja. Mein Gott, war er stark! Mein Antonio. Zum Beispiel beim Pressefest der Partei – wir sind militante Kommunisten, müssen Sie wissen, seit Generationen schon ... Es war einfach rührend, wie er sich um alles gekümmert hat. Die Stände baute er auf, verkaufte die Bücher ... Alles machte er selber. Auch im Ortsverein, wenn diskutiert wurde. Er hielt das Referat, das Gegenreferat, wenn nötig, und sogar die Selbstkritik. Mein Antonio. Alles er! Nicht daß er ein Heuchler gewesen wäre. Nein, er war immer sehr kritisch, vor allem gegenüber der Parteiführung. Aber da steckte meistens sie dahinter, dieses Flittchen! Hinter meinem Antonio! Sie hat ihn aufgehetzt! Die ist eine Extremistin, lieber Herr Professor. Eine Extremistin mit Doktortitel! Wissen Sie, eine von diesen Intellektuellen, die der Arbeiterklasse alles beibringen wollen. Die Massen bewundern und kein Gedränge ertragen. Wo ist sie denn jetzt, häh?! Ist sie vielleicht hier?!

Sie greift aufgeregt in die Schnüre, so daß die Puppe nach oben schwebt. Allgemeiner Aufschrei. Der Arzt und die Pfleger versuchen, den Patienten festzuhalten. Dabei drehen sie den Operationstisch einmal im Kreis und laufen selber mit herum, so daß das Ganze wie ein Karussell wirkt. Gleichzeitig Musik.

ARZT Was machen Sie denn da! Nicht anfassen!!

ROSA *nachdem es wieder still ist* Oh, mein Gott! Habe ich ihn jetzt kaputt gemacht? Das ist zuviel für mich. Aber warum laßt ihr diese Schnüre auch einfach so herumhängen? Macht wenigstens ein Schild daran: »Ziehen verboten!« Wie könnt Ihr mich so erschrecken? Da, jetzt muß ich weinen. *zu einem Pfleger* Hätten Sie zufällig ein Tempo zum Naseputzen?

PFLEGER Bitte, gnädige Frau ...

ROSA Oh, was für ein höflicher junger Mann.
Armer Antonio! Und wie soll er sich die Nase putzen, wenn er keine mehr hat?
ARZT Keine Sorge! Wir machen ihm eine neue. Die kann er sich putzen so oft er will!

Die Pfleger heben ihn hoch und halten ihn waagerecht über die Puppe, so daß er schwebt, wie ein Engel. Er macht sich mit einer Pinzette vorsichtig am Gesicht des Kranken zu schaffen.

ROSA Arbeiten Sie immer so unbequem, Herr Professor? Eine neue Nase? *Sie spielt wiederum einen harten Bruch in der Sprachhaltung.* Kriegt er etwa eine Nase von einem Toten? Nein, nein, nein! Und wenn sie abgeht, wenn er sich schneuzt und am Taschentuch hängen bleibt? Lassen Sie ihn lieber ohne Nase, so wie er ist!
ARZT Aber nein, keine fremde Nase. Sie haben Glück, Frau Minelli. Dieses Institut ist die Avantgarde der Gesichtschirurgie. *Die Pfleger halten den Arzt so hoch wie möglich. Er hält die Arme weit ausgebreitet, als wolle er fliegen.* Unser Oberarzt für Chirurgie ist einer der besten der Welt! *Kurze Musik. Der Professor wird auf den Boden zurückgeholt.*
ROSA *geheimnisvoll, deutet auf die Puppe* Herr Professor! Heilige Mutter Gottes. Er schaut mich an! Da, mit dem Eckchen Auge, das unter dem Verband herausguckt ... Wie er mich ansieht, Herr Professor! Er hat mich erkannt! Antonio! Antonio! Ich bin's! Deine Rosa! Ich bin hier. Gleich wie ich von Deinem Unfall gehört habe, bin ich hergekommen. Antonio! Ich bin ja so froh, daß das passiert ist. Ich meine, daß ich bei Dir sein kann, daß ich Dir helfen kann, Antonio, wenn Du wüßtest, wie ich Dich liebe! Es macht gar nichts, daß Du immer joggen warst und Körner gegessen hast! Ich will alles vergessen! *unterbricht sich abrupt, plötzlich sachlich* Was ist denn das für ein Loch da, Herr Professor?
ARZT Ja, ja, der Kauapparat ist in schlechtem Zustand. Da hilft nur eine Vollprothese des gesamten Apparates ...
ROSA Der gesamte Apparat?

ARZT Freilich, wir bauen alles von unten wieder auf. Angefangen bei der Knochenstruktur. Die zertrümmerten Partikel werden entfernt und ersetzt ...

ROSA Was für ein Umstand ...

ARZT Apropos, Sie müssen uns ein paar Fotos mitbringen. Haben Sie welche, die relativ neu sind?

ROSA Nein, tut mir leid, nein ... Seit mich mein Mann verlassen hat, habe ich an nichts mehr Interesse gehabt, nicht einmal, mich fotografieren zu lassen ... Ich habe mich völlig zurückgezogen ...

ARZT Aber nein, Frau Minelli, wo denken Sie hin. Nicht Fotos von Ihnen ...

ROSA Oh ja, wie dumm ... Verzeihen Sie, das ist die Aufregung. Ja, ich habe welche, Herr Professor, ich habe welche. Sehr schöne sogar. *holt aus ihrer Handtasche einige Fotos und gibt sie ihm* Zufällig trage ich sie immer bei mir.

ARZT Sehr gut. Zeigen Sie her.

ROSA Sagen Sie selbst, ob sie etwas taugen. Ein Freund von ihm hat sie gemacht, vor zwei Monaten etwa. Schauen Sie, wie schön sie sind. Ich habe sie etwas zerschnitten. Hier neben ihm stand das Flittchen. *Bruch* Glauben Sie vielleicht, ich trage den ganzen Tag das Flittchen mit mir herum?! Nein, nein! Sie habe ich weggeschnitten und an die Wand gepickt, in ein Zimmer, wo ich praktisch nie reingehe. Mit Reißzwecken, direkt in die Augen, damit sie nicht herunterfällt. *Pause* Manchmal hilft das ja, habe ich mir sagen lassen. *Pause* Ein alter indianischer Brauch. *Pause* Taugen sie was?

ARZT *nachdenklich* Aber ja, natürlich, die sind ausgezeichnet, weil sie so scharf sind. Das erleichtert uns die Projektion.

ROSA Projektion?

ARZT Erst werden die Fotos seines Gesichts an eine Wand projiziert, und dann wird alles übertragen. Auf einen Wachskopf.

ROSA Ein übertragener Wachskopf?

ARZT Ja, erst wird der Knochenbau rekonstruiert und dann wird alles mit neuer Haut verkleidet.

ROSA Mit künstlicher Haut? Kunsthaut? Hautkunst? Ihr

macht einen Kopf aus Hautkunst?

ARZT Frau Minelli! Richtige Haut! Seine eigene! Hier wird sie ihm weggenommen, von den Gesäßbacken!

ROSA Die Haut vom Hintern im Gesicht?! Antonio! Welch ein Unglück!

Heftiger Musikeinsatz. Die Frau schwankt wie benommen und lehnt sich an einen Hebel. Sofort kracht die große mehrstrahlige Spiegellampe auf die Puppe. Allgemeiner Aufschrei.

ROSA *nachdem es wieder ruhig ist* Madonna, ist das ein gefährliches Krankenhaus! Hier kommt man ja nicht heil wieder raus.

Während des Aufruhrs ist der Kommissar aufgetreten.

KOMMISSAR Gestatten Sie, einen Augenblick ... Sind das neuere Fotos?

ROSA Die allerneuesten! Sind Sie der Oberarzt?

KOMMISSAR Nein, der Polizeikommissar!

ROSA Polizeikommissar?

KOMMISSAR Ja.

ROSA Oh, guten Tag, Herr Kommissar!

KOMMISSAR Guten Tag. *alles rasch, fast ineinandergesprochen*

ROSA Wie schön, Sie hier zu treffen. Sie wollen bestimmt feststellen, wer meinen Mann so zugerichtet hat ...

KOMMISSAR Ja, gewiß ...

ROSA Ach, und Sie tragen den grünen Kittel, um nicht so aufzufallen?

ARZT Aber nein, Frau Minelli, alle müssen den hier tragen, das ist Vorschrift ...

ROSA Ach ja, wie dumm von mir ... Aber so bin ich nicht immer. Das ist nur die Erregung! Ich bin so froh, daß Sie hier sind, Herr Kommissar. *verschwörerisch* Ich habe herausgekriegt, wo das schreckliche Unglück passiert ist!

KOMMISSAR Wo!?

ROSA Haben Sie schon einmal das Wort »Klitsche« gehört?

KOMMISSAR Nein.

ROSA Nein? Ich hoffe, Sie belügen mich nicht ... Die Klitschen, das sind die kleinen Betriebe am Stadtrand von Turin, einige hundert, mit höchstens 30, 40, maximal 50 Beschäftigten. Mit alten, klapprigen Maschinen, alle finanziert von der FIAT und von Strohmännern geleitet. Ich sage Ihnen, ein Betriebsunfall nach dem anderen, wie im Krieg!

KOMMISSAR Hören Sie, was hat das mit Ihrem Mann zu tun? Arbeitet er nicht im Werk Mirafiori?

ROSA Ja, aber wenn in einer der Klitschen die Maschinen kaputtgehen, wer wird dann gerufen? Die Techniker von der FIAT! Natürlich heimlich! Die FIAT tut so, als wüßte sie von nichts! Verstehen Sie? Lauter illegale Betriebe!

KOMMISSAR Verstehe! Unerlaubtes Fernbleiben vom Arbeitsplatz, das von der FIAT organisiert wird. Und in welcher dieser Klitschen hat sich Ihrer Ansicht nach der Unfall ereignet?

ROSA Da fragen Sie mich? Ich bin Friseuse von Beruf! Keine Privatdetektivin! Gehen Sie doch selber hin. Fragen Sie die FIAT-Direktion, vielleicht sagen die es Ihnen. Fragen Sie Herrn Agnelli persönlich!

KOMMISSAR Ich bitte Sie! Das ist wirklich nicht der richtige Augenblick, Herrn Agnelli zu beschuldigen. Wer weiß, wo der Ärmste sich gerade befindet.

ROSA Herr Professor! Herr Professor! Kommen Sie rasch! Sein Auge. Wie er den Namen Agnelli gehört hat, ist er sofort aufgewacht ... Antonio! Antonio! Der Agnelli ist weg! Entführt worden, und sie können ihn nicht finden! *Bruch* Aber ich schwöre Dir, Antonio, wenn sie ihn finden, schnappe ich ihn mir persönlich und mache Hackfleisch aus seinem Gesicht, daß er genauso aussieht wie Du!

ARZT Lassen Sie das, Frau Minelli! Ich habe Ihnen doch schon gesagt ... Er versteht Sie nicht.

ROSA Aber was, ich habe es doch leuchten gesehen, in seinem Auge ... Ganz deutlich!

PFLEGER *tritt ein und hält ein Blatt Papier in der Hand* Verzeihung, Herr Professor, da ist eine Dame. Sie sagt, sie wäre eine Verwandte des Patienten Antonio Berardi und fragt, ob sie ihn besuchen kann.

ROSA *scharf* Was für eine Verwandte?! Lassen Sie mal sehen, bitte!

PFLEGER Hier sind ihre Angaben ...

ROSA Geben Sie her, ich bin die Ehefrau!

ARZT Bitte, Frau Minelli! Noch bin ich der behandelnde Arzt hier ... Bis zum Beweis des Gegenteils. Ich entscheide, wer hier wen besuchen darf!

ROSA Und ich bin die einzige Verwandte des Antonio Berardi!

ARZT *liest mit lauter Stimme vom Blatt* Lucia Rismondi ... *Pause, Rosa perplex*

ARZT Sie kennen die Dame?

ROSA Das Flittchen?! Und ob ich die kenne! Jetzt hat sie auch noch die Stirn, sich als seine Verwandte auszugeben, nur weil sie mit ihm ins Bett geht!

ARZT Bitte beruhigen Sie sich, Frau Minelli!

ROSA Und warum? Gibt es vielleicht ein Gesetz, daß ich mich beruhigen muß?! Ich bin verzweifelt! Am Ende. Mit einem Mann, der von Kopf bis Fuß in Zellophan verpackt ist, daß er aussieht wie ein Erzeugnis der Firma IGLU, wie Tiefkühlkost! Ohne Nase. Und ich soll mich beruhigen? Herr Kommissar, ich zeige die Frau an! Es ist alles nur die Schuld dieser Lucia, wenn er in diese Klitschen arbeiten ging und sich das Gesicht hat plattquetschen lassen wie ein Hamburger von einer dieser Pressen! Damit sie sich ein schönes Leben machen kann und von morgens bis abends Schrotbrot fressen, diese gemeine Verbrecherin.

ARZT Ich dulde hier keine beleidigenden Äußerungen, Frau Minelli! Wenn Sie sich nicht sofort anständig benehmen, lasse ich Sie hinauswerfen und Sie sehen Ihren Mann mindestens einen Monat nicht, ist das klar?!

ROSA *kleinlaut* Klar, klar. Sie haben sich sehr klar ausgedrückt. Da, jetzt haben Sie mir schon wieder Angst gemacht. Sehen Sie, wie meine Hände zittern. BRRRRRR! *Das BRRRRRR verwandelt sich in einen aggressiven Tonfall, höhnisch* Was glauben Sie eigentlich, mit wem Sie es zu tun haben? Sie?! Glauben Sie ja nicht, ich spielte hier die verzweifelte Ehefrau. Sie sind vielleicht in der Lage, Nasen zu reparieren. Aber Vorsicht, Herr Professor! Vorsicht. Sie verteilen hier bedenkenlos Passierscheine und denken, Sie könnten mich rauswerfen. Aber ich bin die rechtmäßige Ehefrau! Rechtmäßig, mein Lieber! Kirchlich getraut! Wenn sie mich rauswerfen, mache ich ein sit-in vor dem Krankenhaus, daß Sie Ihr Leben lang daran denken werden! Sie!

KOMMISSAR Hören Sie zu! Ich führe hier eine Untersuchung, um herauszufinden, was mit Ihrem Mann passiert ist. Vielleicht kann diese Frau uns wertvolle Hinweise liefern. Deshalb seien Sie manierlich, setzen Sie sich da hin und überlassen Sie mir die Fragen.

ROSA Also gut. Fragen Sie soviel Sie wollen. Was interessiert mich das. Fragen Sie das dumme Hühnchen ruhig.

KOMMISSAR Ach so. *brutal* Verschwinden Sie! Raus hier!!

ROSA *spielt einen Schwächeanfall und seufzt kaum hörbar*

KOMMISSAR Herr Doktor!

ARZT Spielen Sie uns jetzt keine Komödie vor. Rasch, das Riechsalz!

ROSA Ein Stuhl, mir wird übel . . . so übel . . .

ARZT Tief einatmen! Tief einatmen!

ROSA *holt ein paarmal tief Luft, wehrt sich dann und beginnt zu schreien*

ARZT Tief einatmen.

ROSA *wehrt sich energisch und stößt einen langen schrillen Schrei aus. Alle weichen entsetzt zurück* Was geben Sie mir denn da zu riechen?! Was ist das für ein Schweinekram?! *schon wieder weinerlich* Jetzt ist mir wirklich übel. Aber wirklich. Mir ist übel!

KOMMISSAR Ihnen fehlt nichts. Jetzt seien Sie lieb und gehen Sie raus.

ROSA Einen Moment, ein Moment noch. Lassen Sie mich nur kurz Luft holen. Ja! *Pause. Dann leise* Ich will Selbstkritik üben. Ich habe mich benommen wie eine Egoistin. Es tut mir leid. Das arme Mädchen meint es gut mit meinem Antonio. Sie hat ein Recht, ihn zu besuchen, auch sie, ja. Weil sie in ihn verliebt ist. *fast zudringlich* Wenn Sie wüßten, wie sie verliebt ist in meinen Antonio, dieses Mädchen! *versonnen* Sie ist so jung, so hübsch . . .

Sogar einen Doktortitel hat sie. Akademikerin! Was könnte die für Männer haben! Einen Professor hätte sie sich anlachen können wie Sie ... *deutet auf den Arzt* Oder einen Kriminalkommissar ... Wie Sie! Aber nein! Meinen Mann hat sie sich auserwählt! Obwohl er ihr Vater sein könnte! So etwas sollte eine Ehefrau doch stolz machen, oder finden Sie nicht? Bitte, Herr Kommissar, schicken Sie mich nicht weg. Ich möchte sie kennenlernen, das gute Mädchen. Ganz aus der Nähe!

KOMMISSAR Also gut, gut. Setzen Sie sich dort hin. Aber seien Sie anständig.

ARZT Wollen wir sie dann reinlassen, Herr Kommissar?! *gibt einem Pfleger einen Wink, vor dem Operationstisch einen Wandschirm aufzustellen, damit Lucia den Kranken nicht gleich zu sehen bekommt*

KOMMISSAR Ja, natürlich!

ARZT Rufen Sie die Dame herein ... *Lucia tritt auf und nickt Rosa zu.*

LUCIA Frau Minelli ... Bitte verzeihen Sie, daß ich mir erlaubt habe ... Ich weiß nicht, ob es richtig ist ... *ironische Spannung zwischen den beiden, aber nicht übertrieben*

ROSA Nein, Kindchen, es ist gut, daß Du gekommen bist. *Sie umarmen sich flüchtig.* Er würde sich sicher freuen, auch wenn er Dich nicht erkennen wird ...

LUCIA Ist er noch immer nicht bei Bewußtsein?

ROSA Der Professor sagt nein, aber ich bin sicher, mich hat er erkannt. Ob er Dich wiedererkennt, weiß ich nicht, er kennt Dich ja noch nicht so lange. Du kannst es ja mal versuchen ...

LUCIA Sind Sie sicher, daß er es wirklich ist?

KOMMISSAR Verzeihen Sie einen Moment, Fräulein Doktor! Würden Sie bitte etwas näher ans Bett kommen?

ROSA *heftig* Nein, nein. Verzeihung, aber so geht das nicht! Sie ist noch jung und unerfahren! Akademikerin! Sie können ihn ihr doch nicht so unvorbereitet zeigen, diesen IGLU. Nachher stirbt sie noch, Herr Kommissar, sie stirbt!

LUCIA Kommissar?

ROSA *vertraulich* Ja, ein Kriminalkommissar. Er wirkt zwar

ein bißchen ungeschliffen, ist aber ein anständiger Kerl ... Kindchen, Du mußt mit dem Schlimmsten rechnen, Kindchen, Antonio hat rein nichts mehr ... Nur noch die Ohren!

LUCIA *schleicht sich zum Bett und wirft einen kurzen Blick auf den Verletzten* Mamma mia! Das ist ja entsetzlich! *stürzt sich in Rosas Arme. Aufschluchzend* Er ist es. Er ist es!

ARZT Sind Sie sicher? Woran haben Sie ihn erkannt?

ROSA An den Händen natürlich.

KOMMISSAR *in einem plötzlichen Wutausbruch* Nicht vorsagen bitte!

ROSA Wer sagt hier vor?!

LUCIA Aber nein, nicht an den Händen! An den Ohren erkenne ich ihn wieder.

KOMMISSAR An den Ohren?

LUCIA Gewiß doch, diese Ohren da habe ich studiert, Millimeter für Millimeter ...

ARZT Verzeihung, Sie haben seine Ohren studiert?

ROSA *verblüfft* Sie hat sie studiert! Ich hab's Ihnen doch gesagt! Das ist eine Studierte!

LUCIA Ja, wissen Sie, ich mache Akupunktur. Ich war sogar schon in China auf einem Fortbildungskurs ... Und da er, Antonio, unter Nasenschleimhautentzündung litt ...

ROSA Oh, ja, er litt unter Nasenentzündung, ganz schrecklich ...

LUCIA Habe ich ihm Nadeln in die Ohren ...

Pause.

Rosa fassungslos. Sie vollführt eine kleine Pantomime, indem sie einer imaginären Person zwei riesige, imaginäre Nadeln in die Ohren stößt.

ROSA PAM! PAM!

LUCIA Ich erkenne jedes Ohr sofort an seiner eigentümlichen Physiognomie. Wie Sie wissen, ist jedes Ohr verschieden. Wenn Sie einen Wachsabdruck einer Gehörmuschel nehmen, erhalten Sie das getreue Abbild eines Fötus, was natürlich nichts anderes ist, als das Miniaturporträt der Person, deren Abdruck Sie nehmen, so wie sie früher im Mutterleib ausgesehen hat!

KOMMISSAR Also praktisch ein Jugendfoto.

ROSA Er hat einen Fötus im Ohr! *jammert leise* Wie er weint. *gibt ein schrilles Säuglingsgeschrei von sich, unterbricht sich aber sofort* Sei schön ruhig ...

ARZT Doch, doch, das stimmt. In einer gerichtsmedizinischen Fachzeitschrift las ich kürzlich, daß die deutsche Polizei nicht mehr die üblichen Fingerabdrücke benützt.

KOMMISSAR Nein?

ARZT Nein, sondern Abdrücke der Gehörmuscheln.

KOMMISSAR Unglaublich. Sobald sie einen Verdächtigen haben ... ZACK! Eine Handvoll Wachs aufs Ohr! Diese Deutschen!

Also gut, dann besteht kein Zweifel mehr, es ist Antonio Berardi.

Frau Doktor, ich danke Ihnen für Ihre großartige Mitarbeit.

LUCIA Aber ich bitte Sie ...

ROSA Sei nicht so bescheiden ... Du warst großartig. Jetzt versteh ich auch, warum unser Antonio sich in Dich verliebt hat. Du hast ihn wiedererkannt, Du Schlimme! Komm, wir zeigen ihm, wie gut wir uns vertragen. Das wird ihn freuen. Antonio! Sieh mal, wer da ist! Deine Verlobte! Liebster! Ist das ein Glück?! Sieh mal, er zwinkert uns zu, sein Auge hat geblinzelt! Oh nein, wie dumm von mir. Das ist der Bluterguß! *Sie dreht sich abrupt um, ohne daran zu denken, daß sie mit Lucia auf die Leiter geklettert ist, verliert das Gleichgewicht und hält sich wieder an den Schnüren fest. Lauter Schrei. Sofort geht die Puppe hoch, während die anderen ebenfalls laut aufschreien.*

Licht aus. Drastischer Musikeinsatz.

Licht an. Selbes Bild, nur die Puppe und der Operationstisch sind weg. Arzt und Rosa treten auf.

ARZT Ich will nicht unbescheiden sein, aber Sie werden mir zugeben, daß wir ein Wunder vollbracht haben. Sehen Sie selbst: Ein Meisterwerk.

Agnelli, jetzt als Antonios Doppelgänger, wird auf einem Stuhl sitzend hereingerollt. Sein Kopf ist total einbandagiert, so daß nichts zu erkennen ist.

ROSA Ich bin so aufgeregt! Mein Gott, bin ich aufgeregt! *Die Krankenpfleger nehmen die Bandagen ab, wobei sie immer im Kreis um den Patienten herumlaufen. Rosa und der Arzt schauen zu. Zum Vorschein kommt Antonio. Um den Kopf liegen schmale, elastische Bänder: Eins um die Stirn, eins vom Stirnband ausgehend vor den Ohren unter dem Kinn entlang – wie ein Helmgurt –, eins geht über den Hinterkopf oberhalb der Ohren und ist vorne an dem »Helmgurt« befestigt. An den Bändern befinden sich kleine Ringe: Einer unterm Kinn, einer an der Stirn und über jedem Ohr einer. Die Pfleger holen die Seile von den Rollen, die sich am Gerüst befinden. Ein Seilende wird jeweils an den Ringen am Kopf des Patienten befestigt. Das andere Ende behalten die Pfleger in der Hand.*

ROSA *sobald Antonio sichtbar wird* Oh, Antonio! Oh, Antonio! *zum Arzt, während die Pfleger die beschriebene Arbeit verrichten* Er erinnert mich an einen Film, den ich als Kind gesehen habe: »Die lebende Mumie«! Der wurde auch so ausgewickelt. *Als der Kopf ausgewickelt ist* Das ist er! Das ist er! *Pause* Frankenstein!!

ARZT Was reden Sie?! Er ist großartig!

ROSA Er ist großartig! Wirklich großartig! Mein Gott, bin ich aufgeregt. Nur diese Narben machen mir Sorgen! *Es sind allerdings keine Narben zu sehen.*

ARZT Die sind unvermeidlich, aber in ein paar Tagen sind sie weg. Die meisten verschwinden einfach, und aus den anderen müssen nur die Fäden gezogen werden.

ROSA Aber wenn Sie die Fäden ziehen, fällt doch das ganze Gesicht herunter! Oh, Antonio, ich bin so aufgeregt, daß ich lauter dummes Zeug rede. Wie geht es Dir, Antonio? Antonio, wie fühlst Du Dich?

ARZT Langsam, langsam. Seine Artikulationsfähigkeit hat etwas gelitten. Bedenken Sie, daß wir den ganzen Unterkieferbereich neu aufbauen mußten!

ROSA Ach so, er muß erst eingefahren werden . . .

ARZT Genau. Lassen Sie mich nur machen. *zum Patienten* Herr Berardi, jetzt versuchen Sie einmal langsam den Mund zu öffnen. Versuchen Sie es nur! *Der Doppelgänger tut es.*

Seine Gesichtsbewegungen werden von den Krankenpflegern unterstützt, die an den Seilen ziehen, so daß anfangs der Eindruck besteht, daß die Mimik von den Gurten und Seilen gesteuert wird. Gleichzeitig vollführen der Arzt und die anderen dieselben Mundbewegungen wie der Kranke.

ROSA Er macht ihn auf! Er macht ihn auf!

ARZT Sehr gut! Sehr gut! Jetzt sprechen Sie mir nach! Aaaaah!

DOPPELGÄNGER Aaaaah! *Die anderen machen die Mundbewegung wiederum nach.*

ROSA Er hat Aaaaah gesagt!

ARZT Frau Minelli, bitte, stören Sie nicht! *zum Doppelgänger* Noch einmal: Aaaaah . . . Uuuuuh!

ROSA Antonio! Sag Uuuuh! Uuuuh!

DOPPELGÄNGER Uuuuh!

ROSA *begeistert* Aaah!

ARZT *ärgerlich, langgezogen* Nein! Erst Aaaah, dann Uuuh! Hören Sie nicht auf Ihre Frau.

ROSA *halblaut zum Publikum* Hat der Manieren . . .

ARZT Noch einmal: Aaah, Uuuh . . .

DOPPELGÄNGER Aaah, Uuuh . . . Eeeh . . .

ROSA Er hat Eeeh gesagt! Von ganz alleine! Was für eine Begabung.

ARZT *verzweifelt* Aber nein! Das darf er nicht sagen! Herr Berardi, geben Sie nur die Töne von sich, die ich Ihnen vormache.

ROSA Verzeihen Sie, aber was soll das? Wenn mein Antonio gerne Eeeh sagen möchte, das können Sie doch nicht verbieten! Lassen Sie ihn reden: Eeeh! Oooh!

ARZT Bitte, Frau Minelli! Der Ton Eeeh zieht den Mund aufs äußerste in die Breite, so daß die Gefahr einer Komplikation besteht.

ROSA Heilige Mutter Gottes, dann kann mein Antonio nie wieder Eeeh sagen? Exzellenz, Erlaß, Erhebung . . . Und die Internationale? Er kann nie wieder die Internationale singen. Die Internationale von Lenin! *singend* Die Internationale *weiß den Text nicht weiter* Mein Gott. Den nehme ich nie wieder auf eine Kundgebung mit.

ARZT Aber nein, Frau Minelli, er wird auch wieder Eeeh

sagen können. Aber erst später. Erst muß er die mittleren Töne üben wie Braa, Bruu, Brii ...

DOPPELGÄNGER *rasch* Braa, Bruu, Brii ...

ARZT Sehr schön ...

DOPPELGÄNGER Braa, Bruu, Brii ... Braa, Bruu, Brii *rhythmisch* brabrubribrabra brabrubri *Verfällt in einen Rock 'n' Roll, immer schneller*

ARZT *nachdem der Doppelgänger geendet hat* Bravissimo! Jetzt sagen Sie mal: Abraham ... Abrahams Schoß ...

DOPPELGÄNGER Abraham ... *beim zweiten Wort verheddert er sich*

ARZT Und jetzt: Abrahams Schoß, Konkubinat, und Urkundenfälschung ...

ROSA Herr Professor, sind Sie verrückt geworden? Wozu soll er das lernen? Ein einfacher Arbeiter! Lassen Sie ihn sagen: Arbeitslosigkeit, Inflationsrate oder Herabsetzung der Akkordzahlen, aber nicht Konkubinat. Mein Gott!

ARZT Hören Sie, Frau Minelli, das weiß ich wohl besser. Los, Herr Berardi, gleich haben wir es: Abrahams Schoß, Konkubinat und Urkundenfälschung ...

DOPPELGÄNGER Ukufu, Kokobi, Atroklo ... *plötzlich ganz deutlich* Mannomann!

ROSA Da, jetzt haben Sie ihn geärgert! *Der Doppelgänger erhebt sich und geht steifbeinig zum Ausgang. Er zieht dabei die Schnüre hinter sich her und gibt böse, unverständliche Laute von sich.*

ARZT Wo wollen Sie hin? Sie können doch nicht so herumlaufen ...

ROSA *versucht, ihn aufzuhalten* Antonio! Bleib hier! Antonio, bleib! Antonio, Du bist doch kein Nilpferd.

DOPPELGÄNGER *zu Rosa, klar und deutlich* Seien Sie still und gehen Sie mir nicht auch noch auf die Nerven!

ROSA Er sagt Sie zu mir! Antonio, ich bin doch Deine Frau!

DOPPELGÄNGER Ach was, Frau-Frau! Was denn für eine Frau? Es langt mir! *geht brummend ab. Die Pfleger laufen ihm nach, kommen mit den Schnüren zurück.*

ROSA *weinerlich* Herr Professor, warum macht er jetzt immer nur so? *spielt auf sein Brummen an*

ARZT Machen Sie sich keine Sorgen!

ROSA Vielleicht ist mit seinem Kopf nicht alles in Ordnung.

ARZT Aber nein. Wenn er Lust hat, spazieren zu gehen, das ist ein gutes Zeichen. Wo soll er schon groß hingehen?

ROSA Und wo geht er hin?

ARZT In sein Zimmer wahrscheinlich.

ROSA Oh, Mamma, Mamma . . .

ARZT Jetzt seien Sie nicht gleich beleidigt. Sie müssen ihn verstehen. Monatelang diese Anspannung, eine Operation nach der anderen. Das ist normal, wenn ihm die Nerven durchgehen. Denken Sie lieber an den glimpflichen Verlauf, den die Sache genommen hat.

ROSA Der Verlauf! Der Verlauf! Außer Brubrabri kann er nichts Gescheites reden, und dann sagt er auch noch: Ach was, Frau-Frau!

KOMMISSAR *tritt auf* Verzeihung, Herr Doktor, haben Sie dem Patienten erlaubt, auszugehen?

ARZT Lassen Sie ihn nur alleine auf sein Zimmer.

KOMMISSAR Aber er geht nicht auf sein Zimmer. Er hat den Fahrstuhl genommen und will soeben das Haus verlassen.

ARZT Was fällt dem denn ein! Halten Sie ihn auf, mein Gott.

KOMMISSAR Schon geschehen. Ich habe zwei meiner Leute geschickt, ihn aufzuhalten. Ein Glück, daß wir aufgepaßt haben, sonst hätte er sich verdrückt . . .

ROSA Ach was, verdrückt! Der Ärmste. Haben Sie gesehen, wie er läuft? Der macht höchstens Bribrabru. Bestenfalls wäre er zu dem Flittchen gegangen oder in meine Wohnung . . .

KOMMISSAR Frau Minelli, würde es Ihnen etwas ausmachen, einen Moment dort hinüber zu gehen. Ich habe mit dem Doktor etwas Privates zu besprechen.

ROSA Ich gehe ja schon. *zu sich* Mein Leben lang werde ich fortgeschickt. *laut zum Arzt* Herr Professor, wenn Sie erlauben, gehe ich zu meinem Antonio und bringe ihm was Vernünftiges bei! »Liebe Rosa, ich mag Dich. Ich werde das Flittchen verlassen und kehre zu Dir zurück.« Nicht immer nur »Abraham, Konkubinat und Urkundenfälschung«. *ab*

KOMMISSAR Nun, Herr Doktor, wie mir scheint, hat alles geklappt?

ARZT Großartig. In ein paar Tagen kann er beinahe wieder normal sprechen.

KOMMISSAR Hören Sie, könnte man ihm jetzt schon einige einfache Fragen stellen?

ARZT Ja, aber nur unter meiner Aufsicht. Wir dürfen ihn nicht überanstrengen ...

KOMMISSAR Ja, ja, bleiben Sie ruhig hier. Vielleicht können Sie uns sogar behilflich sein. Gestatten Sie, daß ich den Herrn Richter hereinrufe? *klatscht in die Hände* Bitte, Herr Richter, kommen Sie bitte. *Der Richter, ebenfalls ein alerter junger Mensch, tritt ein.* Das ist Doktor ... Ach was, machen Sie sich selber bekannt. Ich kann mir keine Namen merken. *nach draußen* Du kommst auch herein! *Ein Polizist in Zivil tritt mit einer Kofferschreibmaschine auf.* Einer meiner Mitarbeiter ... Fürs Protokoll, Sie verstehn ...

ARZT Was für ein Protokoll? Ich muß sagen, ich habe noch immer nicht ganz verstanden, was Sie für einen Verdacht gegen ihn haben ...

RICHTER *unvorsichtig* Schauen Sie, nur ein Beispiel. Wir haben festgestellt, daß der rote FIAT 128, der auf den Namen Berardi zugelassen ist ... *Der Kommissar stellt sich hinter den Arzt und gibt dem Richter heftige Zeichen, zu schweigen.* Aber diese Dinge sind nebensächlich. Was sagten Sie vorhin über den Patienten?

ARZT Ich sagte, Sie erwarten hoffentlich nicht, daß der Patient in der Lage ist ... Wie ich dem Kommissar bereits sagte, Sie müssen ihn mit Vorsicht behandeln. Abgesehen davon, daß er Schwierigkeiten hat, mit einer gewissen Logik zu reagieren. Das Trauma, das dem Koma zugrunde lag, hat die mnemonischen Windungen beschädigt ...

KOMMISSAR Mnemonisch? Was heißt das?

Der Arzt tritt hinter den Protokollanten und benutzt seinen Kopf als Demonstrationsobjekt. Dabei schiebt er den Beamten samt dem medizinischen Gerät, auf dem er seine Schreibmaschine stehen hat, und seinem Stuhl in die

Mitte der Bühne, während er doziert.

ARZT Sehen Sie, in der hinteren Hälfte des Gehirns liegt eine Zone, die sogenannte mnemonische, die wir als den Speicher des Gedächtnisses bezeichnen können. In diesem Speicher befinden sich abertausend Relais, die ihrerseits abertausend Magnetbänder in Gang setzen, auf denen zahllose Geschichten, Wörter und Eindrücke gespeichert sind. Mit einem Wort: die Erfahrungen unseres gesamten Lebens!

KOMMISSAR Und durch das Trauma wären alle diese Tonbänder gelöscht worden? *Der Kommissar tritt neben den Arzt und gestikuliert nun seinerseits auf dem Kopf des Beamten, als wollte er ihn massieren oder ihm die Haare waschen.*

ARZT Aber nein, nicht alle. Oh, mein Gott! Nur der größte Teil! Aus einer bestimmten Lebensphase blitzt vielleicht eine Winzigkeit auf, ganz unbedeutend, während der Rest ausgelöscht wurde.

KOMMISSAR Aber kann es nicht sein, daß der Patient nur vorgibt, sich an nichts zu erinnern, oder etwas erfindet, um nicht die Wahrheit zu sagen? *Abwechselnd massieren der Arzt und der Kommissar den Kopf des Protokollanten, der davon ganz unruhig wird.*

ARZT *mit einem herzlichen Lachen über die Dummheit des Kommissars* Das ist ganz unmöglich! In diesem frühen Stadium, in dem er sich derzeit befindet, das wir auch als die Rückkehr der Unschuld bezeichnen, ist der Patient nicht in der Lage zu lügen. Da der sensorische Bereich, in dem die Erfindungen erfolgen, der empfindlichste und ungeschützteste ist, ist dieser Bereich auch der erste, der durch ein heftiges Trauma zerstört wird!

RICHTER Mit anderen Worten, er kann weder lügen noch etwas vorspiegeln?! Ist das bei allen Menschen so?

Der Richter tritt hinter den Protokollanten und will sich ebenfalls auf seinem Kopf zu schaffen machen, wird von diesem jedoch daran gehindert, worüber er sehr überrascht ist.

ARZT Nein, nicht bei Politikern! Die können ein noch so

schweres Trauma erleiden! Bei ihm dagegen erhalten Sie auf jede Frage eine Antwort, die der allerreinsten und elementarsten Wahrheit entspricht. Es mögen nur Bruchstücke sein ... Die müssen Sie dann selber zusammensetzen.

KOMMISSAR Sie bringen ihn. Er war schon auf der Straße und wollte sich ein Taxi nehmen. Kommen Sie, kommen Sie ...

Der Doppelgänger tritt auf. Er geht wie ein schwankender Flamingo und wird auf den zweiten fahrbaren Bürostuhl gesetzt.

ARZT So, Herr Berardi, jetzt nehmen Sie erstmal Platz und entspannen Sie sich. Die Herren hier möchten Ihnen einige Fragen stellen. *zu den anderen, halblaut* Aber passen Sie auf, daß Sie ihn nicht übermäßig beanspruchen und unterbrechen Sie ihn nicht ...
Der Doppelgänger bewegt währenddessen ruckartig den Kopf, wie ein Vogel, und blickt den Protokollanten bösartig an. Der Beamte zuckt zusammen. Der Vorgang wiederholt sich einige Male. Die dadurch entstehende Irritation und die Pause, die durch das Gelächter im Publikum entsteht, überspielt der Kommissar, indem er mehrfach ansetzt.

KOMMISSAR *zum Arzt* Nicht unterbrechen ... *zum Doppelgänger* Also ... Können wir? ... Sagen Sie ... Sagen Sie ... Wohin ... *Der Doppelgänger hört endlich auf, den Protokollanten zu fixieren.* Wohin wollten Sie vorhin so schnell? Wollten Sie fliehen?

ARZT *da der Doppelgänger nicht antwortet* Seien Sie brav, antworten Sie ...

DOPPELGÄNGER *mühsam* Abrahams Schoß ...

ARZT *Vorwurfsvoll zum Kommissar* Da! da!

DOPPELGÄNGER Fliehen? Ich wollte nicht fliehen. Ich wollte nur ... *Er spricht ziemlich normal, zieht lediglich manche Vokale etwas in die Länge und redet am Anfang auch etwas verlangsamt, aber diese geringfügige Sprachhemmung verliert sich rasch.*

RICHTER Wohin?

DOPPELGÄNGER Ich wollte ... Ich wollte ... Ins Büro!

KOMMISSAR Welches Büro?

DOPPELGÄNGER Da wo ... *Er spricht sehr schnell und unverständlich und spielt dazu eine kleine Pantomime, ca. 35 Sekunden lang. Offensichtlich handelt es sich um ein Gebäude, in dem Fahrstühle rauf und runter sausen, Türen sich automatisch öffnen und schließen und jemand eingeklemmt wird. Alles im Sitzen. Die Szene endet mit einem lauten Schrei.*

KOMMISSAR Sehr schön ...

ARZT Herr Berardi, jetzt entspannen Sie sich erstmal wieder ...

RICHTER Ja, beruhigen Sie sich, wir wollen nur ein bißchen plaudern ... Unter Freunden.

KOMMISSAR Gewiß, um Ihnen zu helfen. Damit Sie wieder sprechen lernen ...

DOPPELGÄNGER Sprechen?

RICHTER Ja.

DOPPELGÄNGER Sprechen lernen?

KOMMISSAR Ja.

DOPPELGÄNGER Unter Freunden?

ARZT Ja.

Dialoge wie dieser werden sehr schnell gesprochen, so daß zum Teil mehrere Personen gleichzeitig reden.

DOPPELGÄNGER *zum Arzt* Sind das Ihre Freunde, Herr Doktor?

ARZT Ja.

DOPPELGÄNGER Auch der da, der schreibt? *deutet auf den Beamten an der Schreibmaschine. Der Vorgang von zuvor wiederholt sich.* Und was schreibt er?

KOMMISSAR Er macht Notizen, notiert, was Sie sagen. Damit wir beurteilen können, was Sie für Fortschritte machen.

DOPPELGÄNGER Fortschritte? Er schreibt auf, was ich sage? Darf ich hinterher lesen, was er schreibt, was ich sage?

KOMMISSAR Natürlich, sogar unterschreiben!

DOPPELGÄNGER Ist gut ...

KOMMISSAR Also ...

DOPPELGÄNGER *argwöhnisch* Unterschreiben?

Die Frage verursacht ein ziemliches Durcheinander, so daß die Schauspieler wieder fast alle gleichzeitig reden.

KOMMISSAR Was?
RICHTER Nein, nicht doch ...
DOPPELGÄNGER Ich soll unterschreiben, was ich sage?
KOMMISSAR Nachher erklären wir's Ihnen, ja?
DOPPELGÄNGER Nicht lügen!
KOMMISSAR Ich lüge nicht.
DOPPELGÄNGER *scharf* Lügner!
RICHTER Nachher erklären wir's Ihnen!
KOMMISSAR Der Professor sagt Ihnen warum, aber machen wir ...
DOPPELGÄNGER *lauter* Lügner!
RICHTER Es reicht, los, also ...
DOPPELGÄNGER *befehlsmäßig* Schluß jetzt!
KOMMISSAR Oh!
RICHTER Also erst einmal ...
KOMMISSAR Ja?! Ruhe jetzt! *Alle sind plötzlich still.* Also: Wie heißen Sie?!
DOPPELGÄNGER *wieder etwas mühsam, aber ohne Stottern o. ä.* Antonio. Alle nennen mich Antonio hier ... Der Professor nennt mich Antonio ... Auch diese entsetzliche Frau ... Die mich verfolgt ... *schreit langgezogen* Antonioo! Antoniooo!
RICHTER Ihre Frau?
DOPPELGÄNGER Meine Frau? Ich weiß nicht. Sie sagt immer: »Antonio, ich bin Deine Frau!« *verzweifelt* Aber ich erinnere mich nicht. Ein Glück, daß ich mich nicht erinnere ... *vollführt wieder einige Gesten und spricht in seiner unverständlichen Sprache, aus der man jedoch schließen kann, daß er sich vorstellt, wie die Frau von einer großen Maschine zerfetzt wird*
ARZT *versucht, ihn zu unterbrechen*
Ruhig, ganz ruhig ...
DOPPELGÄNGER *schreit* Toniooo!
KOMMISSAR *nachdem es wieder ruhig ist* Wir sprechen nie wieder über Ihre Frau.
RICHTER Ja, über Ihre Frau sprechen wir nie wieder ...
DOPPELGÄNGER *bewegt den Kopf ruckhaft nach links und rechts und stammelt* Nie wieder! Frau nie wieder!
KOMMISSAR, RICHTER und DOPPELGÄNGER Nie wieder, nie wieder, nie wieder.

RICHTER *nach einer kurzen Pause* Also, wie war das jetzt mit Ihrem Unfall . . .

DOPPELGÄNGER Frau nie wieder . . .

KOMMISSAR und RICHTER Nie wieder!

DOPPELGÄNGER Schwören Sie's! *wieder Durcheinander*

KOMMISSAR Was schwören?

DOPPELGÄNGER Lügner! Schwören Sie's! *schreiend*

KOMMISSAR Also nein . . . *allgemeines Gebrabbel*

Der Kommissar versucht, sich durchzusetzen, während der Doppelgänger immer noch den Kopf ruckhaft hin und her bewegt und vor sich hinredet.

KOMMISSAR Also über den Unfall . . . Also Ihr Unfall . . . Erinnern Sie sich daran?

DOPPELGÄNGER *nachdenklich* Der Unfall? . . . Der Unfall . . . Die Autos . . . *schildert in seiner unverständlichen Sprache, die er durch Gesten unterstreicht, den Unfallhergang. Dazu laute Geräusche, die die Katastrophe darstellen.*

ARZT *nach Antonios Schilderung zum Kommissar und zum Richter* Sie sind wohl verrückt geworden! Sie müssen ihn vorsichtiger behandeln. Treten Sie ihm nicht so nahe . . .

RICHTER Sie haben recht. Sagen Sie, Herr Berardi, erinnern Sie sich an irgendeine Kleinigkeit, wie Sie noch klein waren?

DOPPELGÄNGER *ist einen Moment verdutzt. Dann ironisch zum Arzt* Jetzt schweifen sie aber sehr weit ab. *zum Richter* Klein? Ich erinnere mich, wie ich noch klein war . . . Ich weiß noch . . . Am liebsten mochte ich Autos! *lacht unverschämt*

RICHTER Alle kleinen Jungen mögen Autos.

DOPPELGÄNGER Aber ich noch mehr . . . Ich hatte einen kleinen Bruder und eine Schwester, die war auch klein, und alle drei wohnten wir in einer großen Villa. *kleine Pause* Ich hatte eine kleine Schwester und einen kleinen Bruder, und alle drei trugen wir Matrosenanzüge.

RICHTER Interessant . . .

PROTOKOLLANT Soll ich diese Geschichte mit den Matrosenanzügen aufschreiben, Herr Kommissar?

KOMMISSAR Aber nein, vergessen Sie diesen Unsinn. Sinnloses Gerede!

RICHTER Erzählen Sie uns noch etwas ...

DOPPELGÄNGER Ich hatte eine kleine Schwester ...

KOMMISSAR, RICHTER und DOPPELGÄNGER Und einen kleinen Bruder ... *kurze Pause. Der Doppelgänger schaut die beiden verdutzt an.*

DOPPELGÄNGER Ach, das wußten Sie? Mein Lieblingsspiel war Fußball ... Ich besaß die Juventus ...

KOMMISSAR Ach?

DOPPELGÄNGER *eifrig* Ja, der Verein gehörte mir praktisch. Dann hatte ich keinen Spaß mehr daran und überließ ihn meinem kleinen Bruder ...

RICHTER *lacht* Sie haben eine seltsame Art, sich auszudrücken.

Die folgende Frage verursacht wieder ein kleines Chaos.

RICHTER Erinnern Sie sich an Ihre Mutter? ...

DOPPELGÄNGER Meine Mutter?

RICHTER Und Ihren Vater?

DOPPELGÄNGER *versonnen* An meine Mutter erinnere ich mich nicht ... Absolut nicht ... Ich glaube, aber ich ...

RICHTER Schon gut, lassen Sie Ihre Mutter ...

DOPPELGÄNGER *noch immer nachdenklich* Ich erinnere mich an eine Tante, aber meine Mutter ...

RICHTER *etwas schärfer* Schon gut, vergessen Sie die Tante ...

DOPPELGÄNGER Da erinnere ich mich einfach nicht ...

RICHTER *noch schärfer* Ich verstehe, Sie erinnern sich nicht an Ihre Mutter ...

DOPPELGÄNGER *schreit* Aber ich erinnere mich nicht an meine Mamma!

RICHTER *wütend* Das interessiert doch niemand!!

Pause. Der Doppelgänger ist bestürzt.

DOPPELGÄNGER *weinerlich. Steigert sich im folgenden immer mehr in seine Weinerlichkeit* Er hat gesagt: »Wer interessiert sich schon für Ihre Mamma!«

RICHTER Los ...

DOPPELGÄNGER Er sagt: »Wer interessiert sich schon für Ihre Mamma!«

RICHTER Los, hören Sie auf ... Machen wir weiter ...
DOPPELGÄNGER Sie wollen nur, daß ich mich nicht mehr erinnere!
RICHTER Häh?
DOPPELGÄNGER Daß ich mich nicht daran erinnere, wer ich bin ... *Brummt immer tiefer vor sich hin* Daß ich nicht weiß, wer ich bin, und wer interessiert sich schon für Ihre Mamma! *Pause. Dann ein tiefes Schluchzen*
RICHTER Auf, kommen Sie ...
DOPPELGÄNGER Erst müssen Sie mich ein bißchen trösten ... Nehmen Sie mich in den Arm ...
RICHTER Ach was, trösten, in den Arm nehmen! Erzählen Sie was über Ihren Vater!
DOPPELGÄNGER Über meinen Vater? *wieder normal* Mein Vater nahm mich immer mit, Autos ansehen ...
KOMMISSAR Arbeitete er auch bei der FIAT?
DOPPELGÄNGER Ob er arbeitete? Ich kann mich nicht erinnern ... *gut gelaunt* Aber ich erinnere mich, daß er immer ein schwarzes Hemd trug und sagte, Mussolini wäre ein Arschloch! *lacht*
RICHTER Natürlich, als Arbeiter ...
DOPPELGÄNGER Er war katholisch. Er sagte: »Beurteile Deinen Nächsten nicht nach seinem Äußeren, sondern nach seinem Wert. *lachend* Nach dem Wert seiner Aktien!« *wieder ernst* Dann pflegte er zu sagen: »Gebt Cäsar, was Cäsar gebührt: *lachend* Zweiunddreißig Messerstiche!«
RICHTER Auf, los machen wir weiter ...
DOPPELGÄNGER Das Erzählen tut mir gut.
KOMMISSAR Machen wir weiter ...
DOPPELGÄNGER Abraham ... *langsam und mit überdeutlicher Betonung*
KOMMISSAR Ja, schon gut ...
RICHTER Fühlen Sie sich jetzt in der Lage, über den Unfall zu reden?
DOPPELGÄNGER Ja ... Sssst! Der ... Sssst!!
RICHTER Ohne sich aufzuregen!
DOPPELGÄNGER Ssst, ohne mich aufzuregen ...
KOMMISSAR Ohne sich aufzuregen ... *alles sehr schnell*
DOPPELGÄNGER Ja, ich erinnere mich, ein Auto ...
RICHTER Ein Auto ...

DOPPELGÄNGER Ein zweites Auto ...
KOMMISSAR Also eine Verfolgungsjagd ... *immer schneller, zum Teil ineinander gesprochen*
DOPPELGÄNGER Zwei Autos ...
RICHTER Die sich überholten ...
KOMMISSAR Sie saßen im Auto der Verfolger ...
DOPPELGÄNGER Neinjaja ...
RICHTER Ja. Sehr gut.
DOPPELGÄNGER Neinnein.
KOMMISSAR Was heißt nein?
DOPPELGÄNGER Neinnein ...
KOMMISSAR Wieso nein? *langsamer*
DOPPELGÄNGER Erst habe ich ja gesagt und dann nein!
KOMMISSAR *Ende des verbalen Schlagabtauschs* Nein, Nein! Die erste Antwort gilt! *Richter und Kommissar lachen triumphierend.*
DOPPELGÄNGER *betont* Gauner!!
KOMMISSAR *kurz* Oh!
DOPPELGÄNGER *lang* Ihr Gauner!!
RICHTER He, Sie! Ich?
ARZT *erbost* Nein, Sie dürfen ihm keine Fangfragen stellen, wenn ich es Ihnen doch sage. Lassen Sie ihm völlig freie Bahn!
KOMMISSAR Meinetwegen, da haben Sie freie Bahn! *Gibt dem Stuhl einen Stoß, so daß der Doppelgänger nach vorne rollt und beinahe in den Zuschauerraum fliegt. Jemand hält ihn gerade noch auf. Nach einem Augenblick des Schreckens beginnt der Doppelgänger wieder in seiner Lautsprache zu reden und macht dem Kommissar Vorwürfe. Er spielt offensichtlich auf das Ereignis an, bei dem der Mailänder Anarchist Pinelli von der Polizei während eines Verhörs aus dem Fenster gestürzt wurde. Man versteht die Worte »Fenster« und »Pinelli«. Das von Gesten untermalte Gramelot-Stück dauert etwa 30 Sekunden.*
KOMMISSAR Still!
DOPPELGÄNGER *gibt einen Klagelaut von sich*
KOMMISSAR Schluß jetzt, aufhören!
DOPPELGÄNGER *klagt weiter*
KOMMISSAR Was ist?

DOPPELGÄNGER *schwer* Ich habe mir die Kinnlade ausgerenkt ...

ARZT Nein!

DOPPELGÄNGER Jetzt ... *lallt*

RICHTER Herr Doktor!

DOPPELGÄNGER Jetzt ... *undeutliches Stammeln. Er gibt sich einen Schlag ins Gesicht und probiert die Muskulatur aus* Aaaah ... Abra ...

ARZT Schluß jetzt!

DOPPELGÄNGER *lacht und sagt deutlich, aber mit großer Betonung* Abraham!

KOMMISSAR *zum Richter, während der Arzt sich um den falschen Antonio bemüht* Wie auch immer, der Betriebsunfall in der Klitsche ist eine Erfindung der Ehefrau!

RICHTER Sie muß ab sofort ebenfalls überwacht werden!

KOMMISSAR Versteht sich.

DOPPELGÄNGER *zu den beiden Ermittlungsbeamten, die sich ihm daraufhin wieder zuwenden* Eben erinnere ich mich an einen Satz, der mir immer wieder durch den Kopf geht.

RICHTER Na und?

DOPPELGÄNGER »Der Präsident! Sie entführen den Präsidenten!« *Kommissar und Richter sind wie elektrisiert.*

KOMMISSAR Großartig!

RICHTER Das ist die Aussage!

KOMMISSAR *zum Protokollanten* Schreib das auf!

DOPPELGÄNGER *einfältig* Was bedeutet das, daß mir diese Geschichte mit dem Präsidenten andauernd durch den Kopf geht?

KOMMISSAR Nachher. Das erklären wir Ihnen später.

DOPPELGÄNGER Wieso muß ich dauernd daran denken?

KOMMISSAR Später, später, machen wir weiter. Was bedeutet Ihnen der Name »FIAT«?

DOPPELGÄNGER FIAT? Eine Sache, die mir vertraut ist. Wie mein Familienname ...

RICHTER *zum Schreiber* Familienname FIAT!

DOPPELGÄNGER Wie etwas, das mir gehört.

ARZT Unglaublich, wie diese Arbeiter sich mit der Fabrik identifizieren!

RICHTER Jetzt erzählen Sie uns etwas über Ihre Arbeit.

DOPPELGÄNGER *komisch* Arbeit?

RICHTER Ja, was arbeiten Sie in der FIAT?

DOPPELGÄNGER In der FIAT?

RICHTER Arbeit! Arbeiten! Malochen!

DOPPELGÄNGER Maloche? Arbeit? *kurze Pause, dann herzliches Lachen* Sie reden vielleicht dumme Sachen!

RICHTER *zum Protokollanten* Arbeitsverweigerung!

KOMMISSAR Und Produktion, Profit ... Sagt Ihnen das etwas?

DOPPELGÄNGER Aber ja, viel! Auch Mobilität der Arbeitskräfte, Massenentlassungen! *Er lacht ausgelassen.*

KOMMISSAR *rasch* Und das Wort »Terrorismus«?

DOPPELGÄNGER *sucht einen Moment nach Worten, zitiert dann rasch, etwas erregt und mechanisch einen auswendig gelernten Text* »Gewalttätige Situation, die innere und äußere Krisen verursacht, aber einen günstigen Einfluß von außen in internationalen und nationalen Situationen ausübt infolge der Auflösungserscheinungen in widersprüchlichen Situationen, und einen Wechsel oder eine Veränderung der verheerenden Situation herbeiführt. Aber sehr wirksam in bestimmten unversöhnlichen Situationen.« *Pause* Was heißt das?

RICHTER Wir wissen das schon. *zum Protokollanten* Schreib auf, was er gesagt hat ...

KOMMISSAR Jetzt hören Sie's! Die Sprache der Terroristen!

DOPPELGÄNGER Aber ich verstehe nicht, was ich gesagt habe.

KOMMISSAR Das macht nichts.

DOPPELGÄNGER Aber ich will wissen, was ich sage.

RICHTER Und warum?

DOPPELGÄNGER Weil ich kein Politiker bin!

RICHTER Häh?

KOMMISSAR Los, los, machen wir weiter. Schaun wir mal, was Sie sonst noch alles wissen. Erinnern Sie sich an Kontakte? *die folgenden Sätze wieder sehr rasch hintereinander*

DOPPELGÄNGER Kontakte?

KOMMISSAR Ja.

DOPPELGÄNGER Mit Gruppen?

KOMMISSAR *fast gleichzeitig* Ja, ausländische Gruppen.

DOPPELGÄNGER Ausländische?
RICHTER *fast gleichzeitig* Ja.
DOPPELGÄNGER Russen?!
KOMMISSAR Bravo! *Kommissar und Richter lachen.*
DOPPELGÄNGER *verschmitzt* Habe ich richtig geraten?
RICHTER Ja.
DOPPELGÄNGER Sind Sie zufrieden?
KOMMISSAR Sehr.
DOPPELGÄNGER Nehmen Sie mich jetzt ein bißchen in den Arm?
RICHTER *zerstreut* Ja...
als der Doppelgänger sich anzulehnen versucht Hören Sie, was soll das?
KOMMISSAR Hören Sie, hören Sie! Auch mit Libyen?
DOPPELGÄNGER Libyen? Libyen ... Ja, ich erinnere mich. Ich hatte Kontakt mit Libyen. Ich war sogar dort. Ich erinnere mich an Leute in Uniform ...
RICHTER Militärs?
DOPPELGÄNGER Militärs, die mich begrüßten. Spezielle Leute.
KOMMISSAR Spezial oder speziell?
DOPPELGÄNGER Spezifizieren Sie das bitte.
KOMMISSAR Spezielle Leute oder Spezialleute?
DOPPELGÄNGER Dreimal dürfen Sie raten.
KOMMISSAR Was soll das?
RICHTER Und Sie besprachen Geheimsachen?
DOPPELGÄNGER Sehr geheim. Geschäfte.
RICHTER Waffengeschäfte?
DOPPELGÄNGER Auch Waffen.
KOMMISSAR Ist Ihnen bekannt, wofür die Waffen bestimmt waren?
DOPPELGÄNGER Wasser.
KOMMISSAR Was?
DOPPELGÄNGER Wasser!
RICHTER Äh?
DOPPELGÄNGER Mineralwasser. Ohne Kohlensäure. *die folgenden drei Sätze fast gleichzeitig*
RICHTER Was redet er?
KOMMISSAR Was weiß ich?
ARZT Ganz einfach, er hat Durst!

KOMMISSAR Einen Augenblick! Erst beantworten Sie meine Frage!

DOPPELGÄNGER Mineralwasser, ohne Kohlensäure!

KOMMISSAR *zum Protokollanten* Bringen Sie ihm endlich sein Wasser!

DOPPELGÄNGER Sonst kriege ich einen Hickser, daß mir die Nase wegfliegt.

ARZT Ich mache das schon. Ich habe es hier im Eisschrank.

Er dreht den Sockel, auf dem die Büste Agnellis steht. Sie enthält einen eingebauten Eisschrank.

DOPPELGÄNGER Ein Glas bitte und den Trichter ...

ARZT Da bitte ... *nimmt einen Trichter aus dem Eisschrank*

DOPPELGÄNGER Danke, sehr freundlich.

RICHTER Ein Trichter? Wozu das?

DOPPELGÄNGER Sonst kleckert alles daneben ... *steckt sich den Trichter in den Hemdkragen, seitlich, und tut so, als befestige er ihn irgendwo* Würden Sie mir bitte helfen, den Trichter zu befestigen? Nein, danke, es geht schon alleine. Die Kanüle ist ziemlich groß. So, schon geschafft! *Der Arzt will aus dem Glas etwas in den Trichter gießen. Der Doppelgänger nimmt es ihm weg und gießt selber.* Sehr freundlich, ich tanke selber. Ihr Wohl! O, wie das prickelt! *gibt einen Ton der Befriedigung von sich und schüttelt sich am ganzen Körper von oben nach unten, sogar das rechte Bein, als liefe ihm das Wasser tatsächlich bis in die Fußsohlen*

KOMMISSAR Aber wie können Sie damit trinken?

DOPPELGÄNGER Das Wasser läuft durch die Kanüle direkt in die Speiseröhre. Die Stimmritze und der Kehlkopfdeckel ...

ARZT *unterbricht ihn* Die nächsten Monate kann er durch den Mund weder essen noch trinken ...

DOPPELGÄNGER Ja, ich habe noch Schwierigkeiten mit der Stimmritze und dem Kehlkopfdeckel. Deshalb habe ich hier eine Umleitung, die den Kehlkopfdeckel umgeht. *schüttelt sich abermals genüßlich*

RICHTER Auch das Essen durch den Trichter?

DOPPELGÄNGER Ja, den Trichter. Ich bekomme alles durch

den Mixer. Sie zerkleinern mir den ersten Gang, das Hauptgericht, auch den Käse und das Obst. Den Kaffee nicht. Zäpfchen!

KOMMISSAR Schon gut, schon gut. Machen wir weiter. Wo waren wir stehengeblieben?

DOPPELGÄNGER Bei diesen Kontakten. Ich erinnere mich, an einem bestimmten Punkt fiel ein Wort, das immer wieder auftauchte: »Unruhe stiften. Destabilisieren.« Andauernd. »Die politische Situation aufheizen.« Ich war dagegen, andere dafür. Polizei, soweit ich mich erinnere.

RICHTER Was für Polizei?

DOPPELGÄNGER Unsere, glaube ich.

RICHTER Italienische?

DOPPELGÄNGER Italienische, glaube ich.

RICHTER Spezialeinheiten?

DOPPELGÄNGER Natürlich spezial. Ich weiß noch, es gab eine Untersuchung, die sich so weit entwickelte, bis man feststellte, daß sich in der Gruppe sogar ein Premierminister befand . . .

RICHTER Äh?

DOPPELGÄNGER Ein Parteivorsitzender . . .

KOMMISSAR Wie bitte?

DOPPELGÄNGER Und ein Admiral.

RICHTER Was?

KOMMISSAR Schon gut.

DOPPELGÄNGER Ein Polizeichef . . .

KOMMISSAR Das reicht.

DOPPELGÄNGER Dann wurde die Sache unter den Teppich gekehrt und verlief im Sand.

KOMMISSAR Im Sand?

DOPPELGÄNGER Sand!

PROTOKOLLANT Herr Kommissar, ich habe nicht ganz mitgekriegt, was er gesagt hat. Vor »Sand«.

KOMMISSAR *läuft wütend hin* Was schreibst Du denn da?! Streich es aus, mach es weg! Alles!

RICHTER Nicht alles! Nur von »Polizei« bis zum Schluß!

DOPPELGÄNGER Oh, ja, wenn ich mich ein bißchen anstrenge . . .

RICHTER Ja?

DOPPELGÄNGER Erinnere ich mich . . .

KOMMISSAR Nein, nein!
DOPPELGÄNGER Diese Leute ...
RICHTER Wie bitte?
KOMMISSAR Nicht nötig!
ARZT Sie sollen sich nicht anstrengen!
DOPPELGÄNGER Ich erinnere mich an Namen. Drei, 25, 50, 500 Namen!
KOMMISSAR Nein, nein, die brauchen wir nicht, diese 500 Namen.
RICHTER Schon gut.
DOPPELGÄNGER Ich erinnere mich an alle. Gleich.
KOMMISSAR *zum Arzt* Rasch, ein Beruhigungsmittel, Herr Doktor! *Der Doktor bereitet eine Spritze vor. Zum Doppelgänger* Vergessen Sie es. Das ist zu gefährlich für Sie. Für Ihre Gesundheit. *Der Arzt gibt dem Patienten eine Spritze. Er sackt sofort zur Seite und schläft ein.*
ARZT So, Herr Kommissar! Die nächsten zehn Minuten hört und sagt der nichts mehr!
KOMMISSAR Gott sei Dank. *zum Richter* Das ist ein Terrorist, was? Er hat sich selber beschuldigt!
RICHTER Ja, es ist fast unverzeihlich, ihn zu verhören, in diesem Zustand!
KOMMISSAR Herr Richter. Vergessen Sie nicht, diese Leute schießen uns in den Rücken!
RICHTER Richtig. Das wollen wir nicht vergessen!
Es ist so, wie wir vermutet haben. Er gehört zu dem Kommando, das Agnelli entführt hat. Bei dem Zusammenstoß ist er schwer verletzt worden. Seine Leute dachten, er macht nicht mehr lange und haben sich seiner entledigt, indem sie ihn hier abgegeben haben.
KOMMISSAR Sicher. Wir sollten das Gerücht ausstreuen, er wäre nicht wieder herstellbar und hätte einen Gedächtnisverlust erlitten. Wenn seine Leute befürchten müssen, wir könnten ihn zum Reden bringen, sind die noch in der Lage und kommen hierher, um ihn umzubringen. Oder gar die vom Geheimdienst!
DOPPELGÄNGER *erwacht aus seiner Betäubung* Da, jetzt fällt mir ein ...
KOMMISSAR, RICHTER und ARZT Es reicht!
DOPPELGÄNGER Die Namen ...

ALLE Schluß jetzt!

DOPPELGÄNGER Der Sympathisanten dieser Verschwörung ... *Der Arzt verpaßt ihm noch eine Spritze.*

DOPPELGÄNGER *während er ohnmächtig wird* Nein, das gilt nicht!

RICHTER Wäre es nicht sicherer, wenn wir ihn sofort verhaften würden? Wir setzen ihn fest ohne irgend jemand Bescheid zu geben und stecken ihn in eine total isolierte Zelle, oder besser noch: in eine Art Hochsicherheitstrakt, wie die von der Antiterrortruppe!

KOMMISSAR Oh, ja, das wäre ...

ARZT *unterbricht ihn* Nein, nein, das würde er nicht überleben. Im Gefängnis raubt Ihr ihm den letzten Schimmer Verstand und macht ihn zum hirnlosen Etwas!

DOPPELGÄNGER *kommt wieder zu sich* Gerade da fällt mir ein ...

ALLE Schluß jetzt!

DOPPELGÄNGER Aber ich will Ihnen doch nur die Namen ... *Der Arzt verabreicht ihm noch eine Spritze.*

DOPPELGÄNGER *bevor er ohnmächtig wird* Euh, was ein Hammer!

ARZT Glauben Sie mir, wenn Sie noch etwas aus ihm herausholen wollen, müssen Sie ihn die nächsten zehn Tage in Ruhe lassen!

KOMMISSAR Zehn Tage? Sind Sie verrückt? Wir haben den Schlüssel zu einem vollständigen Kommando der Terroristen in der Hand; wir könnten Agnelli wiederfinden, vielleicht sogar lebend, und Sie sagen ...

ARZT Also gut, sagen wir fünf Tage ...

RICHTER Nein, nein! Zwei oder drei höchstens.

ARZT Einverstanden, wenn Sie meinen. Aber wenn er einen Gehirnschaden erleidet, tragen Sie die Verantwortung. Ist das klar?

KOMMISSAR Klar! Zwei Tage, dann sind wir wieder da, um ihn zu vernehmen. Die Abteilung hier wird von zehn unserer Leute bewacht, die als Krankenpfleger und Ärzte verkleidet sind.

RICHTER Natürlich. Um ihn zu bewachen und zu beschützen.

ARZT Zehn Leute? Ist das nicht ein bißchen viel?

RICHTER Aber nein. Das ist die heißeste Spur, die wir haben. Dieser Mann ist wirklich ein Kronzeuge!

KOMMISSAR Er redet, daß es ein Vergnügen ist. Der ist mehr wert als alle Terroristen, die bisher umgedreht worden sind. Ein geständiger Terrorist, der nicht weiß, daß er einer ist!

DOPPELGÄNGER *springt auf und läuft zielstrebig zum Kommissar und zum Richter* Hören Sie! Eben fallen mir die Namen aller Teilnehmer ein. Der Parteivorsitzende ...

CHOR *unterbricht ihn* Schluß jetzt!

KOMMISSAR und RICHTER Verschwinden Sie. Gehen Sie etwas spazieren. Vertreten Sie sich die Beine und entspannen Sie sich.

DOPPELGÄNGER *hält an der Tür noch einmal an und dreht sich um* Soll ich es Ihnen sagen?

ALLE *jetzt in höchster Lautstärke* Schluß jetzt!

Doppelgänger ab, alle atmen erleichtert auf. In dem Augenblick schaut er noch einmal herein.

DOPPELGÄNGER Dann sage ich Euch gar nichts!

Licht aus. Harter Musikeinsatz.
Ende des ersten Aktes. Pause.

Zweiter Akt

Rosas Wohnung. Sehr großes Zimmer. An jeder der drei Bühnenwände eine Tür. Die Tür rechts führt ins Treppenhaus, die mittlere ins Schlafzimmer, die linke in die Küche. Möblierung: In der Bühnenmitte ein Eßtisch, an der linken Wand ein Buffet, im Hintergrund links ein Fernseher auf einem schrankartigen, fahrbaren Untersatz. An der Rückwand rechts eine Kommode mit Schubladen, neben der Eingangstür ein Kleiderständer.
An der rechten Wand vorne steht ein hölzerner Armlehnensessel auf Rollen. Auf der Vorderbühne, ebenfalls rechts, ein kleines Möbelstück, auf das eine Büste aus Pappmaché montiert ist. Sie stellt eine mythische, griechisch-romanische Figur dar, mit zwei Gesichtern: eins vorne und eins hinten. Sobald das Licht angeht, treten Rosa und Lucia vom Treppenhaus aus auf. Rosa trägt eine Einkaufstasche. Am vorderen Bühnenrand steht ein Fenster zur Straße. Gleich nach dem Eintreten öffnet Rosa beide Flügel und atmet tief durch. Wenn sie sich wieder in den Raum wendet, um weiter mit Lucia zu reden, wird das Fenster, das mit Rollen auf einer Schiene läuft, nach links in die Kulisse weggezogen. Bei Bedarf wird es wieder hereingerollt. Die ersten zwei Sätze noch außerhalb.

ROSA Tut mir leid, Lucia ... Wie lange wartest Du schon auf mich?

LUCIA Ungefähr eine halbe Stunde ...

ROSA Allmächtiger Himmel! Wenn ich das geahnt hätte, hätte ich etwas schneller gemacht. Entschuldige die Unordnung ... Ich wollte gerade eine Perücke frisieren, für eine Kundin. Verzeih ... *Sie überlegt, wohin sie die Perücke legen könnte und setzt sie der Büste auf.*

LUCIA Nein, Du mußt entschuldigen, daß ich einfach so hereinplatze. Aber ich mache mir große Sorgen, weil ich nicht weiß, wie es Antonio geht. Im Krankenhaus haben sie mich nicht hereingelassen. Angeblich ist er psychisch in einem schrecklich labilen Zustand, eine Krise nach der anderen ...

ROSA Oh, sprich nicht darüber ... *Sie lehnt sich zum Fenster hinaus.* Ah, tut das gut, die frische Luft! *Sie wendet sich ins Zimmer zurück.* Der arme Antonio! Ich habe ihn eine Ewigkeit nicht gesehen. Wie ich in sein Zimmer reinkam das letzte Mal ... Kaum hatte er mich erkannt, hat er mich nicht mehr kennen wollen. Er fing sofort an zu schreien: »Raus hier, raus hier! Schafft sie fort, diese Nervensäge!« Er ist wie verhext, überhaupt nicht mehr er selbst!

LUCIA Was sagen denn die Ärzte? Wird er behandelt?

ROSA Ja, sie behandeln ihn, sie behandeln ihn ... Sie haben sogar einen Professor beigezogen, eine Kapazität, Neurologe, der den Einfall hatte, ihn ins Auto zu laden und in die FIAT zu bringen, in seine Abteilung in der Mirafiori. Soweit ich weiß, ging er ganz ruhig durch seine Abteilung wie er reinkam, ganz entspannt und locker, als wäre er der Chef persönlich, als gehörte das alles ihm. Wie zu Hause, wie man so sagt. Aber dann, als sie ihn ans Fließband gestellt und ihm einen Schweißkolben in die Hand gedrückt haben, damit er arbeiten sollte wie seit Jahren, hat er am ganzen Körper angefangen zu zittern. Die Augen sind ihm aus dem Kopf getreten und geschrien hat er: »Nein, diese Scheißarbeit mache ich nicht!« Verstehst Du? Sie mußten ihn wegbringen. Gekotzt hat er und geschrien ...

LUCIA *unterbricht Rosa. Lachend* Wie schade, daß man das nicht weitererzählen kann ... *Sie hat Mühe, ihr Lachen zu unterdrücken.*

ROSA Was gibt's denn da zu lachen?

LUCIA Verzeih, das ist die Anspannung. Wenn ich mir vorstelle, daß ein Mensch wie Agnelli, ich meine: Antonio ...

ROSA Oh mein Gott, mein Gott, ich könnte mit dem Kopf gegen die Wand rennen! Ich habe Dir noch gar nicht erzählt, daß sie ihn letzten Donnerstag für ein paar Stunden hierher gebracht haben ...

LUCIA Donnerstag? Aber dann hast Du ihn doch erst kürzlich gesehen ...

ROSA Nein, nein, nein. Gesehen nicht. Der Professor wollte unbedingt, daß ich rausgehe, damit Antonio keine Krise kriegt, wenn er mich sieht ... Den sogenannten Klitons-Komplex. Der Professor meint, er hätte den Klitons-Komplex ...

LUCIA Klitons-Komplex?

ROSA Ja, Kliton, ein König der Antike, aus Griechenland, der seine Frau aufgefressen haben soll, mit Haut und Haaren. Und da er sie nicht richtig verdauen konnte, sah er sie ständig vor sich. Wie ein Alptraum.

LUCIA Oh ja, Kliton, das ist eine Tragödie.

ROSA Du sagst es! Eine Tragödie. Sie bringen mir den Mann ins Haus, und ich muß mich verstecken, als ob ich die Krätze hätte! Den Aussatz!

LUCIA Haben sie Dir gesagt, was er hier gemacht hat?

ROSA Er wirkte ganz gleichgültig. Strich durch die Wohnung, als hätte er nie hier gewohnt. Nach achtundzwanzig Jahren, die wir zusammen gelebt haben ... Nicht einmal an die Büste hier hat er sich erinnert mit den zwei Gesichtern ... *Sie geht zu der Büste und dreht sie herum, so daß man beide Gesichter im Profil sieht,* Antonius und Plutarch ... Er war wie verrückt nach dieser Statue. Sie war seine Mitgift, als wir heirateten.

LUCIA Ach ja, er hat mir davon erzählt ... Von seiner Vorliebe für Geschichte.

ROSA Was heißt hier Vorliebe: Das ganze Zimmer da steht voller Bücher, die ich immer geordnet und abgestaubt habe, weil ich mir sagte, eines Tages kommt er vielleicht zurück ... Eines Tages hat er bestimmt die Nase voll von dem Flittchen ... *Sie unterbricht sich und schaut Lucia betroffen an.* Von ... von Lucia und kommt vielleicht wieder. Weißt Du, so etwas kommt ja vor. Wie oft verlassen die Männer ihre Frauen wegen einer anderen, und dann verlassen sie die andere wegen ... Im Film hab ich das auch schon gesehen ... Im Film. War das ein schöner Film! Ich habe ihn bestimmt fünfundzwanzigmal gesehen. Hoffentlich ... Aber er, hat alles vergessen ... den Plutarch, den Antonius, seine Bücher und mich!

LUCIA Komm, Rosa, sei nicht traurig, er wird schon wieder gesund.

ROSA *für sich* Nicht traurig. Nicht traurig! Ich hänge mich auf. Das kannst Du mir glauben!

LUCIA Aber nein . . .

ROSA *sachlich* Magst Du einen Kaffee?

LUCIA Ja gerne.

ROSA *wieder zu sich selbst, als wiederhole sie einen Befehl* Bevor ich mich aufhänge, mache ich uns einen Kaffee, und dann ist Schluß. Keiner da. *Laut zu Lucia* Ich muß die Einkaufstüte im Gemüseladen vergessen haben . . . Meine Handtasche auch. Hoffen wir, daß die keiner geklaut hat. *Sie geht ab. Das Telefon klingelt.*

LUCIA *Unschlüssig, ob sie den Hörer abheben soll. Ruft Rosa nach* Rosa! *Pause* Rosa! *Sie hebt den Hörer ab.* Hallo? Wer da? Nein, Frau Minelli ist nicht da. Ich bin eine Freundin. Ach Sie sind's , Herr Professor . . . Ja, ja, ich bin's, Lucia, die Lehrerin. Wie geht's? Was? Er ist geflüchtet! Wie das denn, bei soviel Polizisten? Unglaublich! Durch die Waschküche? Auch den Mantel? Ihren Mantel? Oh, das tut mir aber leid! Nein, schauen Sie, hier ist er nicht aufgetaucht. Nein, nein. Wenn er hier wäre, würde ich es Ihnen sagen! Genau. Falls er kommt, rufe ich Sie an. Natürlich, ohne mir etwas anmerken zu lassen . . . In Ordnung, einverstanden, Herr Professor. Auf Wiederhören, auf Wiederhören! *Sie legt den Hörer auf. Der richtige Antonio tritt ein. Er trägt eine abgenutzte Lederjacke und sieht traurig aus. Lucia wendet ihm den Rücken zu und sieht ihn deshalb nicht hereinkommen.*

ANTONIO Was ein Glück, Lucia, daß ich Dich hier treffe! Ich bin völlig fertig.

LUCIA *fährt herum* Antonio! Was willst Du hier!? Was fällt Dir ein?

ANTONIO Wo soll ich denn hin? Bei Dir zu Hause war alles zugeschlossen! Irgendwo muß ich doch bleiben!

LUCIA Herrgott, warum bist Du nicht in dem Keller geblieben? Da warst Du sicher . . .

ANTONIO Sicher, natürlich! Wie in einem Grab . . . Mein Grab! Nein, mir langt's. Ich muß mit jemand reden, jemand sehen ... Wenn Du wenigstens öfter kommen würdest ...

Er zieht seine Jacke aus und hängt sie an den Kleiderständer. Es handelt sich um eine Art Überjacke, also ein Zwischending zwischen Mantel und Jacke, weshalb später auch vom »Mantel« die Rede sein wird.

LUCIA Aber versuch mich doch zu verstehen! Ich kann nicht. Die Polizei sitzt mir im Nacken bei jedem Schritt ... Ich habe Angst, daß sie mir folgen und Dich schnappen!

ANTONIO Meinetwegen, aber in das Loch da gehe ich nicht wieder zurück! Ich will doch nicht verrückt werden!

LUCIA Hier kannst Du auch nicht bleiben, das ist zu gefährlich!

ANTONIO Wieso gefährlich? Wer käme schon auf die Idee, ich könnte mich ausgerechnet hier verstecken? Meine Frau besuche ich seit einem Jahr nicht mehr!

LUCIA Ja, aber Du kannst trotzdem nicht hierbleiben ... Deine Frau kommt gleich zurück.

ANTONIO Also gut, um so besser, um so besser, ich werde ihr alles erzählen. Was wir mit der armen Frau machen ist sowieso eine Schweinerei. Und ich muß dafür bezahlen. Ich, ich bezahle dafür. Du kannst Dir nicht vorstellen, was es bedeutet, da eingezwängt zu liegen zwischen Gerümpel, wie dieser Herr dort, *zeigt ins Publikum* der seinen Platz sucht. Erst auf dem Autofriedhof und dann in diesem stinkigen Keller, voller Kellerasseln. Gestern habe ich aus lauter Verzweiflung an die zwanzig Stück gefangen. Habe sie im Kreis hingesetzt und Schwurgericht gespielt ... Ich werde noch verrückt!

LUCIA Ich weiß, ich weiß, es ist kein Vergnügen, aber versteh doch. Du darfst jetzt nicht aufgeben ... Noch ein paar Tage und ...

ANTONIO Hör endlich auf mit dieser Geschichte, in ein paar Tagen wäre alles in Ordnung. Gar nichts wird in Ordnung sein. Immer dieselbe Leier: »Du wirst sehen, Rosa ist glücklich, weil sie endlich ihren Mann wiederhat, so verblödet er auch sein mag, der reicht ihr. Über

Agnelli redet demnächst keiner mehr. Wer spricht in einem Monat noch von Agnelli!« *Er lacht höhnisch.* Ein Dauerbrenner ist das! Jeden Tag reden sie über ihn. Im Radio, im Fernsehen. Im Fernsehen bringen sie ihn sogar als Fortsetzungsroman: Agnelli beim Skifahren ...

LUCIA *unterbricht ihn* Ja, gut, das stimmt, das stimmt. Es ist ein Chaos, aber was änderst Du dadurch, wenn Du Deiner Frau die Wahrheit sagst und ihr erzählst, daß es zwei Antonios gibt? Die ist fest davon überzeugt ...

ANTONIO *unterbricht sie* Ja, ich weiß ...

LUCIA ... daß der verblödete Agnelli ihr Antonio ist.

ANTONIO Ja ...

LUCIA Sobald es ihm besser geht, schicken sie ihn nach Hause, und die zwei leben glücklich und zufrieden bis an ihr Ende!

ANTONIO *nach einer Pause, entsetzt* Agnelli kommt ...? und schläft ...? meine Frau ...? Agnelli schläft mit meiner Frau?!

LUCIA Na klar, warum denn nicht? Du bist doch nicht etwa eifersüchtig?

ANTONIO Nein, aber es wurmt mich. Mein Gott! Ausgerechnet der Agnelli! Um ein halbes Leben hat er mich betrogen. Ich traue mich kaum, aufs Klo zu gehen aus Angst, bei ihm rauszufliegen. Das Leben habe ich ihm gerettet, und was macht er? Geht mit meiner Frau ins Bett!

LUCIA Sei nicht vulgär, Antonio!

ANTONIO Ich bin nicht vulgär! Der ist das Dreckschwein, das sage ich Dir. Jetzt schicken sie ihn nach Hause, bescheinigen ihm die Arbeitsunfähigkeit, und er, was macht er bei mir zu Hause? Er staubt meine Abfindung ab! Klaut mir mein Geld und steckt es sich selbst in die Tasche! Meine Pension kriegt er, dieser Betrüger. Nein, jetzt packe ich aus!

LUCIA Schön, dann wanderst Du eben ins Gefängnis für mindestens vier Jahre aufgrund der Indizien. Glaubst Du vielleicht, Deine Rosa hält auch nur zwei Minuten lang den Mund?

ANTONIO Besser im Gefängnis und wenn es fünf Jahre sind,

bevor der Prozeß überhaupt anfängt, als ständig auf der Flucht!

LUCIA So, fünf Jahre Gefängnis, und was ist mit der Strafe dafür, daß ein multinationaler Industriemillionär ein neues Gesicht gekriegt hat, und jetzt genauso aussieht wie ein Arbeiter? Glaube mir, für Dich führen sie sogar die Todesstrafe wieder ein! *Rosa tritt mit einem Plastikbeutel ein.*

ROSA So, da bin ich wieder ... *Sie sieht Antonio und bleibt wie angewurzelt stehen.*

LUCIA *tut so, als hätte sie Rosas Kommen nicht bemerkt* Aber Antonio! Sieh mich an! Ich bin's, Deine Lucia! Ist das die Möglichkeit, daß Du mich nicht erkennst?

ROSA Sie haben ihn entlassen? Aus dem Krankenhaus?

LUCIA Deine Frau, Antonio, erkennst Du wenigstens Deine Frau? *Rosa will ihm entgegengehen.* Nicht, Rosa, bleib stehen. Tritt ihm nicht zu nahe ...

ROSA Herrgott, ja, nur nicht zu nahe treten, womöglich überfällt ihn wieder der Kliton ... *Sie gibt ein Knurren von sich wie ein Raubtier.* Laß Dich anschauen ... *Sie setzt ihre Brille auf.* Wie gut Du Dich erholt hast, Antonio. Gut siehst Du aus. Man sieht nicht einmal mehr Deine Narben, Antonio!

LUCIA Was ist, Antonio? *Sie tritt ihm vors Schienbein.*

ROSA He, wieso trittst Du ihn?

LUCIA Aber ja, es hat keinen Zweck, diese psychisch Labilen immer nur zu streicheln. So werden sie nie gesund! Unser Professor an der Universität sagte immer: »Leichte Schläge auf den Hinterkopf erhöhen das Denkvermögen!« Los, Antonio, nun mach schon! *Sie tritt ihn abermals. Antonio geht stockend auf Rosa zu.* Da siehst Du, es klappt! Gut so ... Und jetzt nimm sie in den Arm! *Antonio umarmt Rosa schüchtern.*

ROSA *sehr gerührt* Er hat mich umarmt ... Er schickt mich nicht fort ... Oh mein Gott, mir ist schlecht, mir ist schlecht! *zu Lucia* Darf ich ihn auch umarmen?

LUCIA Natürlich, Rosa ...

ROSA Mit beiden Armen?

LUCIA Aber gewiß doch ...

ROSA *legt ihm ängstlich die Arme um den Nacken, während*

er sich nicht bewegt. Er wirkt erschrocken und gerührt zugleich He, Antonio! Wie geht es Dir, he? Wie geht es Dir denn!? Erkennst Du mich? Na, wer bin ich? Hä, wer bin ich?

ANTONIO Du bist Rosa. Meine Frau ...

ROSA *zu Lucia* Wie gut er sprechen kann! Eine Stimme hat er gekriegt! Er hat mich erkannt! *deutet auf Lucia* Und sie? Wer ist sie? Komm, sei lieb, sag, wer sie ist ... *Sie tritt ihn heftig vors Schienbein.*

ANTONIO *schreit* Schluß jetzt! Hört endlich auf mit dem Quatsch! Ich weiß selbst, ich habe mich benommen wie ein Schwein ... Aber jetzt erzähle ich ...

ROSA Heilige Mutter Gottes, jetzt packt ihn wieder der Kliton ...

ANTONIO Doch, ich erzähle Dir ...

LUCIA Sei still, Antonio, red keinen Unsinn!

ANTONIO Alles!

ROSA Gib's ihm, gib ihm einen Tritt, damit er sich wieder beruhigt! *Sie tritt ihn. Lucia tritt ihn ebenfalls.*

ANTONIO *heult auf* Seid Ihr total verrückt geworden?! *Er jault.* Aufhören! Ich will Dir doch nur ...

ROSA Antonio! Es ist doch nur zu Deinem Besten: »Ein Tritt vors Schienbein erhöht das Denkvermögen!«

ANTONIO Aber so laß Dir doch erzählen ...

LUCIA Still! Seid mal einen Moment lang ruhig. *Aus der Kulisse wird das Fenster hereingefahren und bleibt in der Bühnenmitte stehen.*

ANTONIO Wieso? Was ist?

LUCIA *schaut hinaus ins Publikum* Ich kann mich irren, aber da ist irgend etwas los auf der Straße. Das sind bestimmt Leute aus dem Krankenhaus, die Dich holen wollen, Antonio ... *Sie läuft zum Kleiderständer und holt seine Jacke, während das Fenster in die Kulisse zurückgezogen wird.*

ROSA Ach, wieso? Er ist gar nicht entlassen?

LUCIA Nein, er ist abgehauen. Kurz bevor er kam, hat der Doktor hier angerufen und gefragt, ob er sich vielleicht bei Dir versteckt hätte ...

ANTONIO Nein, glaub ihr nicht, sie lügt! Das sagt sie nur, weil sie ...

LUCIA *unterbricht ihn* Es stimmt Antonio! Komm, laß uns gehen! Wir gehen zu mir in die Wohnung, bevor sie Dich abholen ... *Sie bringt ihm die Jacke.*

ANTONIO Nein, ich bleibe hier. So lange, bis ich Rosa die ganze Geschichte erzählt habe! *Er legt seine Jacke auf den Tisch.*

ROSA *schlaff* Setz Dich!

ANTONIO Danke!

ROSA *nach einer Pause, giftig, zu Lucia* Jetzt habe ich Dich durchschaut, Du Flittchen! Unter dem Vorwand, sie würden ihn holen, willst Du mir nur meinen Mann ausspannen! *Die Tür springt auf, und zwei Polizisten stürmen herein, gefolgt vom Kommissar. Als letzter kommt der Arzt.*

KOMMISSAR Da ist er ja! Was habe ich Ihnen gesagt, Herr Doktor? Ich wußte doch, daß wir ihn bei seiner Frau finden würden!

LUCIA Seid Ihr jetzt zufrieden? Aber ich wollte Euch ja reinlegen!

ROSA Großer Gott, tun Sie ihm nicht weh, bitte erschrecken Sie ihn nicht!

KOMMISSAR Niemand will ihn erschrecken! Wir sind gute Freunde, nicht wahr, Herr Berardi?

ARZT Wir haben uns große Sorgen um Sie gemacht. Wie geht es? *Er geht zu Antonio und beginnt sofort einige Routineuntersuchungen.* Sein Puls ist etwas zu schnell. Ich gebe ihm ein Beruhigungsmittel ...

KOMMISSAR Das auch noch, ja! Der versucht, uns zu entwischen, so daß wir einen Haufen Zeit verlieren ... Ich sage Ihnen, was Ihnen fehlt, mein lieber Berardi!

ANTONIO Aber ich kenne Sie gar nicht! Wer sind Sie überhaupt?!

ROSA *dramatisch* Da! Jetzt haben Sie es geschafft! Durch Ihre feinen Methoden hat er sein Gedächtnis wieder verloren! Eben hat er uns noch alle erkannt! Warten Sie, ich versuche es noch einmal. Komm her, Antonio, schau mich an ...

ANTONIO Ja ...

ROSA Wer bin ich?

ANTONIO Ja ...

ROSA Schau mich an, Antonio.

ANTONIO Ja . . .

ROSA *zum Kommissar und zum Arzt* Nur ein kleines Experiment! *zu Antonio* Schau mich an! *Sie tritt ihn vors Schienbein und fragt zugleich* Wer bin ich!?

ANTONIO *jault laut* Jetzt langt's mir aber!

EIN POLIZIST Herr Kommissar, legen wir ihm Handschellen an?

ANTONIO Herr Kommissar, ich . . .

KOMMISSAR Aber nein, nicht nötig . . .

ANTONIO Sie sind doch der Kommissar?

ARZT *zu einem der Polizisten* Helfen Sie mir bitte. *Er geht zum Tisch und holt aus seiner Tasche alles, was er braucht, um eine Spritze zu geben.*

ANTONIO Herr Kommissar!?

KOMMISSAR Lassen Sie mich in Ruhe!

ANTONIO Hören Sie? . . .

KOMMISSAR Nein . . .

ANTONIO Herr Kommissar, hören Sie mich? Ich muß Ihnen etwas erzählen . . .

KOMMISSAR Ich will nichts hören . . .

ANTONIO Aber ich muß Ihnen etwas Wichtiges sagen . . .

ALLE Schluß jetzt!

Während Antonio aufgeregt mit dem Kommissar zu reden versucht hat, hat sich der Arzt ihnen von hinten genähert, um ihm eine Spritze zu geben. Durch einen plötzlichen Positionswechsel erhält jedoch der Kommissar die Injektion. Der Ausruf: »Schluß jetzt!« fällt mit dem Schmerzensschrei des Kommissars zusammen.

ARZT Verzeihen Sie vielmals, Herr Kommissar! Nur ein Beruhigungsmittel.

ANTONIO Nur ein Beruhigungsmittel, Herr Kommissar, beruhigen Sie sich . . . Kommen Sie, ich muß Ihnen etwas Wichtiges sagen. Hören Sie zu.

KOMMISSAR Sie gehen mir auf die Nerven! Sie wollen mir nur schon wieder erzählen, Sie wären Agnelli!

ROSA Agnelli?

ARZT Ja, bedauerlicherweise behauptet er seit einigen Tagen, er wäre der Präsident der Fiat, Giovanni Agnelli! Seit jenem mißglückten Besuch in der Fabrik, genau gesagt.

ROSA Auch das noch.

ARZT Es ist nicht weiter verwunderlich ... Ein klassischer Fall von Bewußtseinsspaltung. *zu Antonio* Würden Sie bitte die Hosen runterziehen ...

ANTONIO Hose runter?

ARZT Ja, für das Beruhigungsmittel, nicht wahr ... *Er bereitet eine neue Injektion vor und spricht derweil mit Rosa.* Wissen Sie, in dieser ganzen Zeit, in der er ans Bett gefesselt war, eingegipst wie ein Gefangener, hat er soviel Haß in sich hineingefressen, gegen denjenigen, der seiner Ansicht nach Schuld war an seiner Tragödie, und das heißt: Giovanni Agnelli ... *zu Antonio* Nun machen Sie schon, halten Sie Ihre Jacke hinten hoch ... *wieder zu Rosa* ... Daß er sich schließlich mit ihm identifizieren mußte. *Er nähert sich Antonio wieder mit der Spritze. Abermals tauscht dieser mit dem Kommissar unerwartet den Platz, so daß der Kommissar eine zweite Spritze erhält. Allgemeine Heiterkeit. Der Kommissar stößt einige kleine spitze Schreie aus. Der Arzt ist über seinen neuerlichen Kunstfehler erschüttert.*

ANTONIO *zum Arzt* Nehmen Sie's nicht zu schwer, Herr Doktor. Ein ärztlicher Kunstfehler. Es ist meine Schuld, weil ich mich so schnell bewegt habe. Ein Arzt ist niemals daran schuld, wenn er etwas falsch macht! Also die ganze Szene nochmal von vorne. Wir fangen bei der Jacke wieder an. *allgemeine Verwirrung* Sie sagten, ich solle die Jacke hochheben. Nun machen Sie schon.

ARZT *zu Antonio* Nun machen Sie schon, halten Sie Ihre Jacke hinten hoch ... *wieder zu Rosa* ... so daß er sich schließlich mit ihm identifizieren mußte. *Er nähert sich abermals Antonio mit der Spritze und wieder tauscht dieser mit dem Kommissar die Plätze, so daß der Kommissar abermals eine Spritze erhält.*

ANTONIO *zum Arzt* Sehr schön ... *zum Kommissar, da dieser vergißt, einen Schmerzensschrei von sich zu geben* Ööh!

KOMMISSAR *schreit*

ANTONIO *zum Publikum* Das war, weil ich den Platz

gewechselt hab', ich weiß nicht, ob Sie es bemerkt haben! *zu den anderen* Ich komme mir vor wie im Fernsehen, wo sie auch immer denselben Schwachsinn spielen ...

ROSA Weiter, machen wir weiter. *zum Arzt* Also, er hat sich identifiziert ...

ANTONIO Nein, nein, erst er ... *Er deutet auf den Kommissar und ahmt sein Stöhnen nach.*

KOMMISSAR *stöhnt*

ARZT *zum Kommissar* Das macht gar nichts ...

ALLE Es war nur ein Beruhigungsmittel! *allgemeines Gelächter*

ANTONIO So, jetzt bist Du dran ... *zu Rosa*

ROSA *lacht*

ANTONIO Komm, auf, Dein Stichwort!

ROSA *anfangs noch lachend* Er hat sich verdoppelt! Er hat sich verdoppelt! *zum Arzt* Wie dieser Doktor Jekyll, der erst ... und dann ... und immer dann, wenn er mich nicht erkennt, ist er überzeugt, er wäre der Agnelli?

ARZT Genau.

Im Hintergrund der Bühne hat während des letzten Wortwechsels Antonio eindringlich mit dem Kommissar gesprochen, der von den Injektionen schon etwas benommen ist.

KOMMISSAR Herr Doktor, können Sie einen Moment herkommen. Was er mir jetzt erzählt hat, ist noch abenteuerlicher: Er sagt, er hätte Agnelli das Leben gerettet. Also keine Bewußtseinsspaltung, sondern ein riesengroßer Beschiß!

Der Doktor hat inzwischen eine neue Spritze fertig gemacht. Antonio nutzt die Unachtsamkeit der Polizeibeamten und flieht. Der Polizeibeamte, der an der Tür Wache hält, dreht sich um, um hinter Antonio herzulaufen und erhält vom Arzt eine Spritze in den Hintern.

POLIZIST *heult laut auf* Er ist mir durchgebrannt!

KOMMISSAR Was steht Ihr wie angewachsen herum?! Lauft ihm nach, schnell!

POLIZIST Er hat uns eingeschlossen! Der Schlüssel hat von

außen gesteckt! So was Dummes!

KOMMISSAR Dann schieß das Schloß kaputt! Los!

ROSA Nein! Nicht schießen! Ich habe noch einen Schlüssel, gleich habe ich ihn ... *Sie wendet sich zur Kommode, um den Schlüssel zu holen.*

KOMMISSAR Keine Zeit! Schießt! Schießt! Schießt! *Die Polizisten ziehen ihre Pistolen und richten sie gegen die Decke.* Nicht in die Luft, Ihr Idioten! In die Tür! *Die Beamten schießen gegen die Tür. Von außen ist ein unterdrückter Schrei zu hören. Gleichzeitig schwere, dramatische Musik wie aus einem Trauermarsch.*

ROSA *dramatisch* Mörder! Mörder! Mein Antonio stand direkt hinter der Tür! *Die Tür springt auf. Nach einer kleinen Pause schwankt der Richter herein.*

RICHTER Mein Bein ... Sie haben mir ins Bein geschossen! Warum habt Ihr auf mich geschossen?

KOMMISSAR Herr Richter? Was haben Sie an der Tür gewollt?

RICHTER Ich habe geklopft ... Schießt Ihr jeden über den Haufen, der an der Tür klopft? *Er fällt zu Boden.*

KOMMISSAR *zu den anderen* Wenn jemand darüber redet, den bringe ich um! Nachher steht noch in der Zeitung: »Richter von der Polizei in die Beine geschossen!« Dann erschieße ich mich!

Musik. Die Polizisten, der Kommissar, der Arzt und Lucia heben den Richter auf und tragen ihn hinaus.

Rosa allein. Sie schließt die Tür und betrachtet das zerbrochene Türschloß.

ROSA Zum Verrücktwerden ist das, zum Verrücktwerden. Wenn ich das erzähle, glaubt mir keiner. Hast Du Deinen Schlüssel vergessen? PENG! Sie öffnen Dir die Tür ... Du fährst Auto, Deine Bremsen funktionieren nicht: PENG! Die bringen Dich zum Halten. Für immer. Ich wette, wenn sie aufs Klo gehen, Pipi machen, holen sie auch ihre Knarre vor, versehentlich, und PENGPENG! Zuviel Blei im Urin. *Das Fenster wird hereingezogen. Rosa schaut hinaus.*

ROSA Armer Antonio. Hoffentlich hat er es geschafft, abzuhauen. In diesem tierischen Krankenhaus machen sie ihn noch völlig verrückt. Erst der Komplex mit diesem Kliton, der seine Frau auffrißt, und jetzt diese Verdoppelung mit dem Doktor Jekyll, der denkt, er wäre Agnelli ... *Sie geht zum Tisch, wo noch Antonios Jacke liegt.* Sein Mantel. Er ist fort ohne Mantel. Jetzt kriegt er auch noch eine Lungenentzündung. *Sie nimmt den Mantel, um ihn an den Kleiderständer zu hängen. Die Tür geht auf, und der Doppelgänger tritt auf. Suchend, unsicher. Er trägt ebenfalls eine Jacke. Um den Kopf hat er sich einen langen Shawl gewickelt. Er spricht zuweilen etwas verlangsamt und gedehnt, wobei er anfangs leichte Zischlaute von sich gibt. Der Anfang der Szene hastig.*

DOPPELGÄNGER Darf ich ...?

ROSA *ohne ihn wahrzunehmen* Er ist ihnen entwischt!

DOPPELGÄNGER Darf ich reinkommen?

ROSA Er hat's geschafft!

DOPPELGÄNGER Ist jemand da?

ROSA Nein, niemand. Sie sind alle weg, sei unbesorgt. Sie haben geschossen ... Einen Richter in die Beine geschossen, weil er an der Tür geklopft hat ...

DOPPELGÄNGER Ja ...

ROSA Dann sind sie alle ins Krankenhaus ...

DOPPELGÄNGER Ja, ja ...

ROSA Um ihn hinzubringen ...

DOPPELGÄNGER Ja. Ich bin abgehauen!

ROSA Ich weiß!

DOPPELGÄNGER Dieser Dummkopf, dieser Kommissar, glaubt, daß ich mich selber entführt hätte. Autoterrorist!

ROSA Jetzt beruhige Dich erstmal wieder. Da, schau einmal, durch Dein Gerenne sind sämtliche Nähte wieder zu sehen! Das ist die Aufregung. Mein armer Antonio. Möchtest Du etwas trinken?

DOPPELGÄNGER *Er spricht jetzt besser, fast normal.* Ja, Mineralwasser, ohne Kohlensäure, weil durch die Kohlensäure muß ich rülpsen, und dann reißt mir womöglich die Nase ab. *Er zieht seinen Überzieher aus und geht zum Kleiderständer.*

ROSA Gleich bringe ich Dir was.

DOPPELGÄNGER Sss, danke, Sss ...

Rosa bemerkt, daß er seine Jacke an den Ständer hängen will, wo sie bereits Antonios Jacke hingehängt hat.

ROSA Aber wieso, weshalb . . .?
DOPPELGÄNGER Was?
ROSA Die Jacke!
DOPPELGÄNGER Die hatte ich an, weil draußen kalt ist.
ROSA Du hattest zwei Jacken an?
DOPPELGÄNGER Nein, ich . . . Diese Jacke hier . . .
ROSA Oh mein Gott, ja, ja! Das ist ein Tick von Dir, alles zu verdoppeln, nicht wahr, Liebling? Es ist eine Manie!
DOPPELGÄNGER Hören Sie, liebe Frau, ich muß Ihnen etwas sagen . . . was Sie offensichtlich nicht wissen . . .
ROSA Ach, sagst Du jetzt wieder Sie zu mir?!
DOPPELGÄNGER Ich muß Ihnen die Wahrheit sagen! Ich bin nicht Ihr Mann!
ROSA Ja, ja . . .
DOPPELGÄNGER Sie müssen wissen . . .
ROSA Ja, ja, Liebster . . .
DOPPELGÄNGER Ich muß Ihnen endlich . . .
ROSA Nein, Liebster, ja, Liebster, setz Dich mein Lieber.
DOPPELGÄNGER Hinsetzen . . .
ROSA Ganz ruhig . . .
DOPPELGÄNGER Ja . . .
ROSA Du bist nicht mein Mann . . .
DOPPELGÄNGER Ja . . .
ROSA Zufrieden?
DOPPELGÄNGER Ja.
ROSA Nicht aufregen!
DOPPELGÄNGER Ja.
ROSA Jetzt hole ich Dir Dein Mineralwasser, und Du nimmst derweil Vernunft an. *Rosa geht in die Küche und kommt sofort mit einer Flasche und einem Glas zurück.*
DOPPELGÄNGER Aber ich bin wirklich nicht durcheinander . . . Ich war nie so klar bei Sinnen! *Er holt den Trichter aus der Plastiktüte, die er bei sich hat.*
ROSA Also gut, wenn Du es beweisen willst, sag erst einmal wieder Du zu mir!
DOPPELGÄNGER Einverstanden, ich sage Du zu Ihnen, und Du hilfst mir dafür, den Trichter in die Kanüle zu stecken . . .
ROSA Was machst Du da?
DOPPELGÄNGER Laß nur, es geht schon alleine, ich kann's

meistens alleine . . .

ROSA Du trinkst durch den Trichter?

DOPPELGÄNGER Ja, durch den Trichter, bis die Stimmritze und der Kehlkopfdeckel verheilt sind, muß ich durch . . . Würdest Du mir bitte etwas ins Glas schütten . . .? *Rosa tut es, die Flasche ist leer. Sie stutzt.* Mach weiter, mach weiter. *Sie gibt Zeichen, daß die Flasche leer sei.* Aber Liebling, das Theater ist Fiktion! Also würdest Du mir bitte aus der leeren Flasche etwas ins Glas schütten . . . direkt in den Trichter . . . *Rosa tut so, als schütte sie Wasser in den Trichter. Er schüttelt sich und gibt einen Wohllaut von sich.* Wie das prickelt! *Der Doppelgänger bewegt seinen Fuß hin und her, als genieße er das Prickeln des Wassers unter der Fußsohle.*

ROSA Herr im Himmel, was muß ich erleben! Der Mann mit dem Trichter! Wie eine Ballonflasche!

DOPPELGÄNGER So, und jetzt hör mir zu. Ich will Dir meine Geschichte erzählen . . . die wahre!

ROSA Schon gut . . .

DOPPELGÄNGER Schau, nach dem Unfall war ich wer weiß wie lange bewußtlos . . .

ROSA *aggressiv* Ich weiß . . .

DOPPELGÄNGER Eines Tages brachte mich jemand in die Mirafiori, und mir war, als hätte ich fünfzig Elektroschocks gekriegt, alle auf einmal. Auf einen Schlag erinnerte ich mich, wer ich war, nämlich ich, und jetzt stand ich da, mit einem Schweißapparat in der Hand. Ich kam mir vor, als hätten sie mir einen Stecker mit dreihundert Volt in den Hintern gesteckt. Ich zitterte wie ein . . .

ROSA *unterbricht ihn* Sei still, Antonio, sei still . . .

DOPPELGÄNGER *unterbricht sie* Nein, bin ich nicht . . .

ROSA Antonio . . .!

DOPPELGÄNGER Ich bin kein blöd gewordener Arbeiter, der sich befreien will. Ich stehe darüber. Sie glauben, ich sei entführt worden . . . Nein, nein, nein! Sie haben mir nur das Gesicht entführt. Mein Gesicht! Sie haben mir das Gesicht eines meiner Arbeiter verpaßt! Welch ein Hohn! Ein Hohn! Ich komme mir vor wie . . .

ROSA *gleichzeitig* Hör zu!

DOPPELGÄNGER Eine Marionette, die spinnt!

ROSA *gleichzeitig* Doktor Jekyll! Diese Manie, alles zu verdoppeln, geht mir wirklich auf die Nerven, weißt Du? Du bildest Dir ein, Agnelli zu sein, und laberst wie ein Scheißunternehmer! Halt's Maul, halt's Maul, oder ich breche Dir sämtliche Knochen. *Sie tritt ihn vors Schienbein.*

DOPPELGÄNGER *heult auf* Bist Du verrückt geworden?! *Von draußen hört man eine Polizeisirene. Das Fenster rollt herein. Rosa schaut hinaus.* Polizei?! Kommen sie her?

ROSA Ja. Nein, sie fahren weiter. Trotzdem, hör zu, die verstehen keinen Spaß. Komm, ich verstecke Dich oben.

DOPPELGÄNGER Wozu . . .?

ROSA Nimm Dein Shawltuch, für die Narben . . .

DOPPELGÄNGER Ja . . .

ROSA Ich bring Dich rauf, auf den Dachboden . . .

DOPPELGÄNGER Dachboden . . .

ROSA Ich habe ein hübsches Zimmer ausgebaut, um es an Studenten zu vermieten.

DOPPELGÄNGER Auch an Arbeiter aus dem Süden?

ROSA Wenn's sein muß.

DOPPELGÄNGER Aber wenn nun jemand kommt?

ROSA Sofern sie keine Kinder haben . . .

DOPPELGÄNGER Und mich findet?

ROSA Aber dahin kommt niemand. Ich hab's niemand gesagt. *im Hinausgehen* Ich habe sogar Heizung legen lassen und warmes Wasser . . . *beide ab. Man hört nur noch Rosas Stimme.* Gib acht, die Stufen sind ziemlich steil.

Es ist einen Augenblick still. Die Tür wird geöffnet, und der richtige Antonio tritt ein. Er bewegt sich vorsichtig, sichernd.

ANTONIO Rosa! Sind sie weg? Rosa?! Rosa! Antworte doch, Rosa! Wenn Du daheim bist! *Er schaut in die Küche und ins Schlafzimmer.* Sie sind alle weg. Gott sei Dank. Was bin ich gerannt! Beinahe hätten sie mich doch noch gekriegt. Völlig naßgeschwitzt bin ich. Durch und durch naß. *Er zieht Jacke und Oberhemd aus und wirft sie einfach auf den Fußboden.* Ich muß mich erst einmal umziehen. Hoffentlich finde ich ein paar alte Sachen von mir. Vielleicht ein Hemd oder sonst was ... *Er geht durch die mittlere Tür ins Schlafzimmer ab. Man hört Rosa im Treppenhaus sprechen.*

ROSA *noch außen* Und sei schön brav da oben. Mach keinen Lärm. *Sie kommt herein.* Jetzt bringe ich Dir erst einmal was zu essen! *durchquert das Zimmer und geht zur Küchentür* Oh je, oh je, was bin ich aufgeregt! Ist das aufregend! Ich hätte nie gedacht, daß es so aufregend ist, den eigenen Mann im Haus zu haben! *Sie sieht die Kleidungsstücke auf dem Fußboden und stutzt. Bissig* Wie mich das aufregt! *wieder freudig, erregt* Ich habe nicht einmal bemerkt, daß er sich ausgezogen hatte! Was ist die Liebe doch für ein seltsam Ding! Ein Ding ist das, was für ein Ding! *Sie hebt die Kleidungsstücke auf* Er hat alles auf den Fußboden geworfen, wie üblich. »Dafür gibt's ja die Rosa!« *wieder heiter* Oh, was bin ich froh, seine hübschen schmutzigen Hemden wieder zu haben! Für ihn zu waschen ... zu bügeln ... ihm das Essen zu machen ... gevögelt zu werden wie eine Dienstmagd! Ja, das nenne ich Leben! *Sie verschwindet glückstrahlend in der Küche. Antonio kommt aus dem Schlafzimmer. Er hat ein sauberes T-Shirt übergezogen und trocknet sich mit einem Handtuch die Haare ab.*

ANTONIO Rosa! Rosa, mit wem redest Du? Bist Du wieder da?

ROSA *schaut kurz durch die Küchentür* Natürlich! Was ist, Liebster? Stimmt etwas nicht? Was machst Du hier schon wieder? *Sie kommt ins Zimmer.*

ANTONIO Was ich hier mache?

ROSA Ich verstehe nicht, warum ...

ANTONIO Warum was ...?

ROSA Was Du schon wieder hier willst?

ANTONIO Entschuldige, aber wäre es Dir lieber, wenn ich nicht wiedergekommen wäre? Soll ich mich vielleicht einsperren lassen, wie ein armer Sünder, für wer weiß wie lange?

ROSA Was redest Du da? Du spinnst wohl? Ein paar Tage vielleicht! Bis sich alles wieder eingerenkt hat.

ANTONIO Hier renkt sich überhaupt nichts wieder ein, meine Liebe! Wenn ich Pech habe, stecken sie mich in Untersuchungshaft für zwölf Jahre, und wer weiß was dann!

ROSA Aber was redest Du?! Zwölf Jahre, da oben, ich bin doch nicht verrückt! Was soll das ... Los, jetzt ab, nach oben!

ANTONIO Nach oben?

ROSA Aber ja doch ...

ANTONIO Nach oben? Für zwölf Jahre?! Rosa!!

ROSA Antonio, sei ein bißchen vernünftig. Hier unten kannst Du nicht bleiben, das bringt nichts!

ANTONIO Und warum nicht?

ROSA Du wirst ein bißchen seltsam, Antonio. Sei vernünftig. Wenn ich erst mal nervös werde, schütte ich Dir satte zehn Liter Bromwasser in Deinen Trichter durch den Kragen, und dann gnade Dir Gott!

ANTONIO Mir Bromwasser in den Kragen?

ROSA Ach hör doch auf, Du! Erst rot, dann weiß, dann so, dann so! *böse* Schluß jetzt! Rauf auf den Dachboden! Sei brav!

ANTONIO Auf den Dachboden?

ROSA Ja!

ANTONIO Warum?

ROSA Weil es das sicherste Versteck ist. Darum!

ANTONIO Der Dachboden ist überhaupt nicht sicher.

ROSA Sicher!

ANTONIO Und wenn jemand kommt, sitze ich in der Falle! Da kriegen sie mich sofort. Wo soll ich denn hin von da aus? Nein, das geht nicht. Wenn Du nichts dagegen hast, möchte ich lieber nebenan im Schlafzimmer bleiben. Das hat einen Balkon, da kann ich runterspringen, wenn sie kommen ...

ROSA Da fällst Du runter, brichst Dir sämtliche Glieder, und ich kann Dich wieder zusammenflicken. Dann geht der ganze Ärger wieder von vorne los! Bra, bru, bri ... Abraham!

ANTONIO Rosa! Wer ist dieser Abraham?!

ROSA Was soll die Frage? Wer ist wer? Du Spinner! Hör endlich auf! Ich war so glücklich, daß Du wieder da bist. Das Herz schlug mir ... Kaum drei Minuten reden wir miteinander, und schon spritzt mir die Galle über – PSCHPSCH ... ! *gibt fauchende Laute von sich* Hau doch ab! Ich gehe uns lieber was zu essen machen.

ANTONIO Euh, das ist eine Idee, statt nur herumzumeckern. Ich habe einen Mordshunger! *Rosa geht in die Küche und kommt sofort wieder zurück. Sie bringt den Brotkorb, Gläser, Weinflasche, zwei Teller, Besteck und Servietten. Während sie deckt, bemerkt Antonio, daß am Kleiderständer zwei Mäntel hängen, sein eigener und der seines Doppelgängers.*

ROSA Du hast wirklich Glück! Gerade heute habe ich das Siedefleisch für die ganze Woche gekocht, und außerdem gibt es gefüllten Schweinsfuß.

ANTONIO *mit Blick auf die Mäntel* Wem gehört der?

ROSA Der Schweinsfuß? Uns natürlich. Den essen wir!

ANTONIO Ich spreche von diesem Mantel! Wem ist der? *Er nimmt einen der Mäntel vom Kleiderständer und zeigt ihn ihr.*

ROSA Dir. Wem sonst?

ANTONIO *nimmt den anderen Mantel vom Haken* Das hier ist meiner! Und wem ist der hier?

ROSA Der ist auch Dir.

ANTONIO Rosa! Wer ist dieser Abraham?! Der seine Mäntel bei uns hängen läßt ...

ROSA Gib's auf! Das ist auch Deiner.

ANTONIO Meiner?

ROSA Deiner! Du hattest, wenn Du's wissen willst, zwei Mäntel an: übereinander.

ANTONIO Ich? Übereinander?

ROSA *schreiend* Ja, Du! Du bist mit zwei Jacken herumgerannt!

ANTONIO Ich?!

ROSA Ja!

ANTONIO Ja. Es stimmt. *Er hält eine der beiden Jacken hoch.* Den hier habe ich als Weste getragen!

ROSA Also soll ich ihn Dir warm machen?

ANTONIO Den Mantel?

ROSA Nein, den Schweinsfuß! Oder hättest Du lieber Spaghetti aus Vollkorn? Mit Sojasauce ...

ANTONIO Nein, bloß nicht! Kein Vollkorn, kein Soja, das

steht mir bis hier. *laut* Schluß mit dem Soja!

ROSA *lacht grimmig* Wußte ich's doch! Das ist der Tag der Rache. Scheiß-Soja, ich hab's doch gewußt! Doch gewußt, doch gewußt. Gut, wie willst Du's haben?

ANTONIO *schaut sie fragend an*

ROSA Wie willst Du's runterbringen? Das Siedefleisch? Durch den Kragen? Oder lieber durch den Trichter? Ich sage Dir, das schaffen wir nie, beim besten Willen nicht. Die großen Fleischstücke. Da können wir noch soviel stopfen. Ohne die Stimmritze zu verletzen. Und den Kehlkopfdeckel erst. Das sind zwei Wörter, die ich noch nie gehört habe. Also: durch den Trichter oder wie?! Was ist? Wohin gehst Du?

ANTONIO Was interessiert mich mein Kehlkopfdeckel. Den spür ich überhaupt nicht. Die Stimmritze vielleicht ein bißchen. Ich geh' einen Moment runter, meine dritte Jacke holen. Ich hatte nämlich drei Jacken an!

ROSA Na mach Dich fort! Mach Dich fort!

ANTONIO Wieso? Wohin?

ROSA Da kommt jemand!

ANTONIO Ach so. Und wohin?

ROSA Geh ins Schlafzimmer. *Sie schiebt ihn.*

ANTONIO Nicht so schnell. *Er verschwindet im Schlafzimmer.*

ROSA Ich schließe hinter Dir zu. Tu so, als wärst Du nicht da, und gib keinen Laut von Dir. *Sie schließt die Schlafzimmertür hinter ihm ab. Man hört das Knacken des Türschlosses. Dann läuft sie zur Eingangstür und schaut hinaus.* Oh mein Gott, wenn das bloß nicht der Kommissar ist und ihn wieder ins Krankenhaus holt. *Sie schaut hinaus.* Guten Tag . . . *Sie schließt die Wohnungstür wieder und läuft zur Schlafzimmertür. Ruft durch die geschlossene Tür* Es war nichts, bloß die Nachbarn von gegenüber! Jetzt hole ich uns erstmal das Siedefleisch! *Sie geht in die Küche. Sie ist kaum verschwunden, als sich die Tür zum Treppenhaus öffnet und der Doppelgänger vorsichtig hereinschaut.*

DOPPELGÄNGER Rosa? Rosa? Störe ich? Darf ich hereinkommen?

ROSA *aus der Küche* Einen Moment noch!

DOPPELGÄNGER Störe ich?

ROSA *aus der Küche* Einen Moment noch Liebster!

DOPPELGÄNGER Ja ...

ROSA Ich richte uns nur eben das Siedefleisch her, dann mach ich Dir auf!

DOPPELGÄNGER Mach Dir nur keine Umstände, ich bin schon drin.

ROSA *kommt mit einer Schüssel voller Siedefleisch aus der Küche* Wie bist Du denn hereingekommen?

DOPPELGÄNGER Durch die Tür.

ROSA Aber die war doch abgeschlossen!

DOPPELGÄNGER Nein, nein, sie war offen.

ROSA Ohgott ohgott, vor lauter Aufregung ... ich dachte, ich hätte sie abgeschlossen und statt dessen ... *Von der Straße her ist wieder die Autosirene zu hören. Das Fenster wird bis in die Bühnenmitte gerollt. Rosa läuft hin und schaut hinaus.* Ein Glück, sie fahren weiter ... *Das Fenster verschwindet wieder.* Du, wirklich, ich kann nicht mehr. Es wäre schön, hier in Ruhe mit Dir zu sitzen und zu essen, aber es ist zu gefährlich. Glaube mir. Du mußt wieder auf Dein Zimmer. Wir nehmen die Teller und das Besteck ...

DOPPELGÄNGER Nein, bitte nein, das halte ich nicht aus. Da drin kriege ich Alpträume, wie im Krankenhaus.

ROSA Ja ja, Du hast recht, Du Ärmster, also gut, riskieren wir es. Setz Dich, aber gib acht. Sobald wir etwas Verdächtiges hören, mußt Du aufspringen. Hier ist das Siedefleisch. Such Dir was aus! *Sie geht zur Kredenz und holt das Essen.* Schau, ich hab sogar Löwensenf gekauft, und hier ist grüne Sauce ...

DOPPELGÄNGER Rosa?!

ROSA Ja, Liebster?

DOPPELGÄNGER Ist das Siedefleisch am Stück?

ROSA Aber ja ...

DOPPELGÄNGER Auch der gefüllte Schweinsfuß?

ROSA *Sie wirft verärgert ihr Besteck hin. Kleine Pause* Stimmt etwas nicht?

DOPPELGÄNGER Nein, aber hast Du vergessen, daß ich die Kanüle habe und den Trichter?

ROSA *nimmt den Trichter und wirft ihn vor ihn hin* Da hast

Du Deinen Trichter!

DOPPELGÄNGER Da geht das aber nicht durch. Vor allem der gefüllte Schweinsfuß nicht.

ROSA Und wie willst Du die Fleischstücke da durchbringen?

DOPPELGÄNGER Das sage ich doch!

ROSA Das geht da nie im Leben durch . . .

DOPPELGÄNGER Das habe ich doch gerade gesagt!

ROSA Ja, und was soll ich jetzt machen mit meinem Rindfleisch? Soll ich's Dir vielleicht durch den Mixer drehen?

DOPPELGÄNGER Mixen? Ein Rindfleischmix? Und der Schweinsfuß? Das ergibt eine unglaubliche Pampe! Zum Kotzen.

ROSA Ja, aber was soll ich denn machen? Vielleicht durch den Fleischwolf drehen?

DOPPELGÄNGER Ja, durchdrehen . . .

ROSA Aber das geht doch immer noch nicht durch die dünne Kanüle . . .

DOPPELGÄNGER Durch die Kanüle nicht, aber durch die Nase!

ROSA Durch die Nase?

DOPPELGÄNGER Ja.

ROSA Durch die Nase?

DOPPELGÄNGER Ja.

ROSA Du ißt das Rindfleisch durch die Nase?!

DOPPELGÄNGER Im Krankenhaus habe ich sogar Spaghetti durch die Nase gesaugt. Mit Tomatensauce und Speck. Es gibt eine extra Apparatur dafür, die ich immer bei mir habe. Sie sieht ein bißchen wie ein Folterinstrument aus. *Er holt aus seiner Plastiktüte eine Art Gesichtsmaske. Im Inneren der Maske liegen zwei Schläuche, die in die Nase geschoben werden können und durch Festbinden der Maske am Hinterkopf festgehalten werden. Vorne ragen zwei Schläuche aus der Maske nach oben und enden, etwa in Stirnhöhe, in einem Aufsatz, auf den ein Fleischwolf geschraubt werden kann.* Schau hier, diese beiden Enden kommen in die Nasenlöcher, und hier oben wird der Fleischwolf angeschraubt. Im Krankenhaus der war herrlich, elektrisch.

ROSA Aber ich habe keinen elektrischen Fleischwolf, nur so einen altmodischen mit einer Handkurbel.

DOPPELGÄNGER Das macht nichts, Hauptsache, der Anschluß paßt.

ROSA *bringt den Fleischwolf an* Wollen wir ihn gleich ausprobieren?

DOPPELGÄNGER Probieren wir mal!

ROSA Hoffentlich . . .

DOPPELGÄNGER Ja, hoffentlich . . .

ROSA Die Wege des Herrn sind unerforschlich . . .

DOPPELGÄNGER Ja . . . *Er betrachtet den Fleischwolf.* Größe zwölf. Genau der richtige Anschluß.

ROSA Unglaublich. Er paßt, sogar in der Farbe.

DOPPELGÄNGER Genau.

ROSA Es ist kaum zu glauben . . .

DOPPELGÄNGER Jetzt zeige ich Dir, wie es funktioniert.

ROSA *weinerlich* Was muß ich alles mitmachen . . .

DOPPELGÄNGER *setzt sich das Gerät aufs Gesicht* Man drückt die beiden Schlauchenden in die Nase. *Er tut es. Spricht im weiteren leicht durch die Nase* Und dann kommt der Fleischwolf oben drauf.

ROSA Mir wird schlecht, mir ist schlecht. Wird Dir auch schlecht?

DOPPELGÄNGER Nein, nein, das ist nur am Anfang. Später geht es. Am schlimmsten ist der Fleischwolf hier oben. Du hast das Gefühl, als würde Dir das Gehirn durchgedreht werden.

ROSA *weinerlich* Was soll ich nur machen . . .

DOPPELGÄNGER *nimmt die Maske vom Gesicht. Mutig* Rosa, hol einen Bindfaden!

ROSA Bindfaden . . .

DOPPELGÄNGER Oder einen Schulgürtel. Du mußt mich . . .

ROSA Oh mein Gott . . .

DOPPELGÄNGER An einen Stuhl festbinden. Sonst . . .

ROSA Ich soll Dich festbinden? Heiliger Himmel!

DOPPELGÄNGER Reiße ich mir den Schlauch aus der Nase, sobald Du zu drehen anfängst. Paß auf . . .

ROSA Was suchst Du?

DOPPELGÄNGER Der hier ist richtig. *Er holt den Lehnstuhl auf Rollen herbei* Genau richtig.

ROSA Warum?

DOPPELGÄNGER Weil er Armlehnen hat . . .

ROSA Hier ist ein Gürtel ...

DOPPELGÄNGER *hat inzwischen den Stuhl ausprobiert* Jetzt das Seil oder den Gürtel ...

ROSA *hat inzwischen eine Handvoll Gürtel geholt* In meinem Haus kriegst Du alles ...

DOPPELGÄNGER Großartig. Der hier ist ausgezeichnet.

ROSA Der ist noch von den Kindern, für die Schulbücher ...

DOPPELGÄNGER Sehr gut. Er ist nicht so groß.

ROSA Und der hier?

DOPPELGÄNGER Hervorragend. Der kommt hier oben um den Hals herum, damit ich den Kopf nicht bewegen kann.

ROSA Entsetzlich.

DOPPELGÄNGER Da schau so. *Er demonstriert, wie sie seinen Hals gegen die Stuhllehne und seine beiden Unterarme an die Armlehnen binden soll.*

ROSA Ist das schrecklich!

DOPPELGÄNGER Das ist, damit der Fleischwolf hier oben einwandfrei arbeitet.

ROSA Antonio, das ist ja grauenhaft, Du kommst mir vor wie auf dem elektrischen Stuhl!

DOPPELGÄNGER Du sagst es. Ich sitze auf dem elektrischen Stuhl. Die Ärzte, die in den Gefängnissen die Zwangsernährungen durchführen, hätten ihre helle Freude daran. Rosa, Rosa. Von jetzt an mußt Du stark sein! *Rosa jammert nur noch.* Es ist immer dasselbe. Sobald Du mich festgebunden hast, beginne ich zu schreien und flehe Dich an, mich loszubinden. Wenn Du dann den Fleischwolf drehst, das erste Fleisch in die Nase kommt, werde ich aufheulen, aber Du mußt stark sein. Du mußt widerstehen bis zum letzten, denn es geht um Leben und Tod, und ich muß etwas zu essen haben.

ROSA Oh ja, ja, es ist schrecklich, eine entsetzliche Prüfung.

DOPPELGÄNGER Ja, danke, ganz schrecklich.

ROSA Aber ich bin Dir eine gehorsame Ehefrau ...

DOPPELGÄNGER Sei stark, sei stark ...

ROSA *weinend* Ja, ich bin stark ...

DOPPELGÄNGER Ja, stark, hör nicht auf mein Flehen.

Das Telefon klingelt. Pause. Das Telefon klingelt abermals.

ROSA Und wie soll ich jetzt ans Telefon gehen?

DOPPELGÄNGER Telefon?

ROSA Aber ich muß weinen, wie soll ich da telefonieren? *Sie geht zum Telefon und hebt ab. Plötzlich wie verwandelt. Ruhig und sachlich* Hallo? Ja, am Apparat. *Kurze Pause, wieder verzweifelt* Oh, Herr Professor, ich muß andauernd weinen. Nein, nein, meinen Antonio habe ich seit einer Ewigkeit nicht gesehen. Nein, nein, nein ... Ich schwöre es Ihnen ... Dem Kommissar würde ich es vielleicht nicht sagen, aber Ihnen schon. Ja. Sie sind so freundlich. *erleichtert* Ja! Auf Wiederhören! *zum Doppelgänger, eifrig* Es war der Professor aus dem Krankenhaus. Ich glaube, er glaubt mir nicht. Außerdem war bestimmt der Kommissar in seiner Nähe. In fünf Minuten sind sie hier und bringen Dich zurück ins Krankenhaus ...

DOPPELGÄNGER Was machen wir jetzt?

ROSA Du tust, was ich sage. Wir gehen in das andere Zimmer.

DOPPELGÄNGER Nein! Dreh mir sofort ein bißchen Fleisch durch die Nase, sonst werde ich wild!

ROSA Aber glaub mir doch, in drei Minuten drehe ich die Nase.

DOPPELGÄNGER Ja ...

ROSA *beginnt die Sachen einzusammeln* Wir nehmen die Sachen mit ...

DOPPELGÄNGER Gut, gehen wir.

ROSA Nimm Du den Wein, die Gläser ...

DOPPELGÄNGER Ich trage das Brot. *Er nimmt den Brotkorb.* Vor allem das Brot ...

ROSA Aber nein, kein Brot. *nimmt ihm den Brotkorb wieder weg*

DOPPELGÄNGER Brot und Wein ...

ROSA Hör auf mit dem Brot ...

DOPPELGÄNGER Ohne Brot kann ich kein Siedefleisch essen!

ROSA Ich habe Semmelbrösel im Haus! Laß endlich das Brot. Da nimm! *Sie geht Richtung Küche.* Ich stelle nur rasch das Gas ab ...

DOPPELGÄNGER Ja, ich helfe Dir ...

ROSA Beeil Dich ...

DOPPELGÄNGER Warte. Ja.

ROSA *verschwindet in der Küche.* Ich komme sofort nach . . .

DOPPELGÄNGER Ja . . .

ROSA *aus der Küche* Jetzt mach endlich zu!

DOPPELGÄNGER Ich mach ja zu, aber laß mich nicht warten. Ich warte auf Dich! *ab*

ROSA *aus der Küche* Oh, mein Gott, mein Gott, das Obst! Nein, das Obst später. Ich mache uns einen schönen Obstsalat im Mixer! *Sie kommt wieder ins Zimmer.* Jetzt schau einmal, was für ein Unglück! So ein schönes Bruststück! *Sie betrachtet die Fleischschüssel.* Und das soll ich durchdrehen, wie Hackfleisch für Buletten. *Sie überlegt, welches Geschirr und Besteck sie benötigt.* Zwei Teller brauchen wir nicht, da er das Zeug durch die Nase schlürft . . .

ANTONIO *klopft gegen die Schlafzimmertür* He! Rosa!

ROSA Häh!

ANTONIO Sprichst Du mit Dir selbst?

ROSA *Sie legt alles auf den Sitz des Lehnsessels: Teller, Bestecke, die Fleischschüssel etc.* Nicht so hastig!

ANTONIO Wie lange soll ich hier noch warten?

ROSA Einen Moment Geduld, mein Lieber. Ich bin doch kein Roboter. Ich bin gerade dabei, den elektrischen Stuhl zu beladen! Also hetz mich nicht.

ANTONIO Der elektrische Stuhl, was redest Du?

ROSA Ach, Du kannst mal mit anfassen. Sonst fällt mir noch alles runter. Komm rasch.

ANTONIO Ja, gerne, wenn Du mir aufmachst . . .

ROSA Komm nur, die Tür ist offen! Du mußt nur feste dagegendrücken!

ANTONIO *schüttelt an der Schlafzimmertür* Mach mich nicht böse! Es ist zu! *Rosa läuft zur Schlafzimmertür und dreht den Schlüssel zweimal herum. Antonio betritt die Bühne.* Oh! Endlich! Danke. *Pause* Also, was sind das für Reden! Du belädst einen elektrischen Stuhl? Rosa, wo hast Du Dich herumgetrieben? Du redest ein bißchen wie ein Freak! Also!

ROSA *sehr niedergeschlagen* Antonio . . . Ich bitte Dich inständig . . . Antonio. Bitte erklär's mir. Wie hast Du es geschafft, Dich im Schlafzimmer einzuschließen, den

Schlüssel zweimal umzudrehen und von außen steckenzulassen?

ANTONIO Was soll ich gemacht haben?

ROSA Du hast Dich im Schlafzimmer eingeschlossen ...

ANTONIO Im Schlafzimmer?

ROSA Ja, und von außen zweimal rumgeschlossen ...

ANTONIO *gleichzeitig* Von außen zweimal rumgeschlossen?

ROSA Ich meine von innen ...

ANTONIO Ich!? Du hast mich eingeschlossen und zweimal rumgedreht!

ROSA Ja.

ANTONIO Ja?

ROSA Aber davor!

ANTONIO Davor?

ROSA Danach warst Du schon wieder draußen!

ANTONIO Ich war draußen?

ROSA Ja!

ANTONIO *wütend* Wie denn?!

ROSA *ebenfalls wütend* Durch die Tür! Wie denn sonst!

ANTONIO Ich? Durch die Tür?!

ROSA *schreit* Ja!

ANTONIO *gleichzeitig* Bin ich gekommen? Wann denn?

ROSA Eben!

ANTONIO Red keinen Blödsinn! *Pause* Ja.

ROSA *gleichzeitig* Er war draußen! Er war draußen!

ANTONIO Es stimmt. Ich wollte es Dir verheimlichen, aber ich schaffe es nicht. Ich war draußen. Durch die Tür. Unter der Tür durch. Erst versuchte ich nur den Schlüssel zu kriegen ... mit der Hand unter der Tür durch, den Arm ganz langgemacht bis zum Schlüssel hinauf, aber dann ging er nicht unter der Tür durch. Also bin ich mit dem Kopf zuerst unten durchgekrochen ... Hoppla!
Er vollführt eine kurze Pantomime mit lautsprachlicher Untermalung, wie er sich ganz dünn macht, wie eine Fußmatte, und unter der Tür durchkriecht. Zum Schluß springt er auf die Beine.
Man nennt mich die fliegende Schlange!
Rosa schaut ihn mit komischer Verzweiflung an. Sie löst sich das Tuch, das sie um den Hals trägt, und legt es sich um die Stirn.

ANTONIO Rosa! Rosa? Was soll das? Rosa. Rosa? Was hast Du?

ROSA *krächzend* Kopfweh!

ANTONIO Wollen wir uns hinsetzen und essen? An den Tisch? Oder was ist.

ROSA *wimmernd* Wir müssen den elektrischen Stuhl da rübertragen.

ANTONIO *gibt ein unverständliches Wimmern im selben Tonfall von sich*

ROSA Wir müssen den elektrischen Stuhl da rübertragen . . .

ANTONIO *wie zuvor*

ROSA Zum essen . . . A . . .

ANTONIO Den elektrischen Stuhl?

ROSA Ja, Antonio, es muß sein . . . *kurz vor dem Zusammenbruch* Da hinein! *Sie zeigt auf das Schlafzimmer.*

ANTONIO Wo hinein?

ROSA Ins Schlafzimmer!

ANTONIO Wozu?

ROSA Zum essen!

ANTONIO *langgezogen* Nein! Seit Monaten esse ich wie ein Tier! Ich will endlich wieder an einem richtigen Tisch essen, im Sitzen, wie ein Christ . . . Ein marxistischer Christ! Setzen! *Während seiner Worte gleitet Rosa langsam zu Boden, zieht sich zusammen und bleibt jammernd liegen.*

ANTONIO Was hast Du?

ROSA *leise jammernd* Oh mein Gott!

ANTONIO Rosa . . . In was für einer Kommune hast Du gelebt? Wie heißt Euer charismatischer Führer? Abraham? Rosa!

ROSA *müde* Antonio, bitte . . .

ANTONIO Was fehlt Dir?

ROSA Ich bin völlig verwirrt . . . *Sie kriecht Richtung Schlafzimmer.*

ANTONIO Rosa, wo willst Du hin?

ROSA Wir müssen da rüber . . . Wir müssen da rein, Antonio.

ANTONIO So? Im Kriechen?

ROSA Wir müssen nach nebenan . . .

ANTONIO Rosa! Warum?!

ROSA *gleichzeitig* Warum?! *wütend* Um zu essen! Wenn die Polizei kommt ... *In dem Augenblick wird sehr rasch das Fenster hereingefahren. Rosa ruft verärgert in die Kulisse* Ich sagte: »Wenn die Polizei kommt?« *Das Fenster erschrickt und rollt in die Kulisse zurück.*

ANTONIO Rosa! Du bist total übergeschnappt! Bitte, schließ die Tür ab und leg die Kette vor, wenn die Polizei kommt! Dazu ist sie ja da! Ich will doch mal sehen, ob sie die aufkriegen. Die müssen sie erst einmal aufbrechen, alles kaputtschlagen, und während sie alles kaputtschlagen und aufbrechen, setze ich mich hin und esse diese eineinhalb Kilo Siedefleisch, aber in aller Ruhe! *Er setzt sich hin und betrachtet das Siedefleisch.* Rosa, Rosa, das muß man Dir lassen! So gut wie Du macht keine auf der Welt das Siedefleisch!

ROSA *weinend* Das sagst Du immer, Antonio, schon immer hast Du das gesagt, nur schade, daß Du es durch den Fleischwolf essen mußt, wie Hackepeter. *Sie schluchzt.*

ANTONIO Von wegen! Das verschlinge ich mit den Augen!

ROSA *rigoros* Keine Extravaganzen! Du ißt durch die Nase, wie sich's gehört! *Sie fesselt seine Unterarme mit raschen Griffen an den Armsessel.*

ANTONIO Rosa! Rosa!! Was sind das für Sitten? Rosa, warum ... Rosa! Rosa!! Warum fesselst Du mich? Rosa! Warum bindest Du mir die Arme fest?

ROSA *verzweifelt und laut* Damit Du was zu essen kriegst, darum!

ANTONIO Rosa, bitte, nachher kannst Du mir in aller Ruhe über die Sitten und Riten in Deiner Kommune erzählen, aber nicht jetzt, nicht gleich beim ersten Mal!

ROSA *weinerlich* Als erstes gebe ich Dir ein Täßchen Fleischbrühe, das öffnet den Magen, Du Ärmster ...

ANTONIO Sehr gerne, aber ...

ROSA Ich mache Dir etwas Zitrone rein, damit sie nicht so fett ist ... *seufzend* Oh mein Gott!

ANTONIO Ja ...

ROSA Oh Antonio ...

ANTONIO Ja ...

ROSA *plötzlich sachlich* Liebster, wie ißt Du die Brühe?

ANTONIO Wieso, essen? Ich trinke sie, nicht?

ROSA Ja, schon, aber durch die Nase oder durch den Trichter? Was ist Dir lieber? *zu sich selbst* Ich glaube doch durch den Kragen, weil es Flüssigkeit ist. Also den Trichter. Ich habe keine Ahnung, wie man das macht . . . *Sie fummelt mit dem Trichter in seinem Kragen herum.*

ANTONIO Rosa . . .

ROSA *zu sich selbst* Hoffentlich erwische ich die Kanüle . . .

ANTONIO Rosa, ich bitte Dich . . . *Er schreit laut, da sie nicht auf ihn hört.* Rosa!!

ROSA Ist er drin? Habe ich sie erwischt, oder nicht?

ANTONIO Rosa!!

ROSA *sachlich* Er ist drin.

ANTONIO Rosa, mein Schlüsselbein . . .

ROSA *bei sich* Beim nächstenmal . . .

ANTONIO Du hast mir ein Loch ins Schlüsselbein gebohrt!

ROSA Beim nächstenmal geht's bestimmt schon besser.

ANTONIO Rosa, bitte . . .

ROSA Oh, mein Gott . . .

ANTONIO Ich weiß, daß ich mich wie ein Schwein benommen habe . . .

ROSA *seufzt*

ANTONIO Ich habe mich wie ein Macker benommen, Dir gegenüber. Ich habe Dich nicht respektiert. Aber ich komme zu Dir zurück, Rosa . . .

ROSA Oh, Du mein Lieber . . .

ANTONIO Rosa, vergib mir, ich kehre zu Dir zurück, Rosa . . .

ROSA Oh, wie lange . . .

ANTONIO Ich mag Dich doch immer noch, Rosa . . .

ROSA Wie lange warte ich schon auf diese Worte . . .

ANTONIO Rosa, bitte!

ROSA Auch ich mag Dich noch immer, noch immer, noch immer . . .

ANTONIO Rosa . . .

ROSA *seufzt*

Während der letzten Sätze hat Rosa die Maske mit dem Fleischwolf vom Tisch genommen und an Antonios Kopf befestigt. Sie hat auch seine Fesselung vervollständigt.

ANTONIO *nasal* Rosa, was habe ich da in der Nase? Rosa, ich komme mir vor wie ein Elefant! Rosa, was hast Du in letzter Zeit für Filme gesehen? Rosa! Hilfe! Au . . . au . . . aufhören!

ROSA Sei still!

ANTONIO Rosa, ich will nicht . . .

ROSA Hör auf!

ANTONIO Ich will nicht aufhören. *Sein letztes Wort geht in einen langgezogenen Schrei über.*

ROSA Antonio, ich bitte Dich, sei still!

ANTONIO *lang und laut* TARZAN!

ROSA *gleichzeitig laut und lang* Antonio!

ANTONIO Wawawawawa!

ROSA *hart und klar* He da! Ruhe jetzt! Du folterst mich ja mit Deinem Geschrei! *Sie fängt wieder an zu weinen.*

ANTONIO Rosa, Hilfe, Erbarmen! Hör auf, bitte, mach mich los . . .

ROSA *gleichzeitig* Sei still . . .

ANTONIO Rosa, aufhören . . . *mit sich überschlagender Stimme* Aufhören!!! Aah!

ROSA Still! *Sie steckt ihm eine Serviette in den Mund*

ANTONIO *brummt, plötzlich relativ leise, wie ein kleiner Motor.*

ROSA *dazwischen* Still! Laß das. Wenn uns die Nachbarn hören. Bitte, Antonio, hör auf, Motorboot zu spielen. Oh mein Gott, er wird ganz blau! Ich habe ihn zu gut abgedichtet. Er kann nicht mehr atmen. Er kriegt keine Luft mehr. *Sie nimmt ihm die Serviette aus dem Mund und schaut suchend um sich, was sie ihm statt dessen hineinstopfen könnte. Ihr Blick fällt auf eine Tischlampe, an der eine Klarinette hängt. Sie stellt die Lampe mit der Klarinette neben Antonio, steckt sie ihm zwischen die Lippen, und drückt ihm das Instrument in die Hand. Es gelingt Antonio, mit den Fingern einige Tasten des Instrumentes zu drücken, obwohl sein Arm ja angebunden ist. Er spielt eine blues-artige Melodie.*

ROSA Die Klarinette! Ich stecke ihm seine Klarinette in den Mund! So kriegt er wenigstens Luft. *Antonio spielt* So, nun das Essen. Wo ist der Trichter? *Antonio gibt mit dem Instrument einen Laut von sich, als wollte er sagen: »Da steckt er!«* Ja, richtig. Siehst Du? Sehr schön so ... Jetzt essen wir erstmal unser Süppchen ... *Sie schüttet ihm Suppe in den Trichter, dazu spricht sie, wie zu einem kleinen Kind.* Guuut ... das schmeckt gut, nicht wahr? *Antonio beschwert sich mit der Klarinette.* Aber, aber ... Du hast Pipi gemacht? *Antonio protestiert mit der Klarinette.* Nein, richtig, das ist nur die Suppe ... Ich werde die Kanüle nicht richtig getroffen haben! Na, macht nichts, keine Suppe. Dann eben das Fleisch. Hier haben wir ein schönes Schulterstück ... *Sie nimmt Fleischstücke, stopft sie in den Fleischwolf und dreht sie durch. Die Klarinette spielt immer verzweifelter ihren Blues. An der Eingangstür klopft es.*

ROSA Das wird nur die Polizei sein ... *Der Kommissar und ein zweiter Zivilbulle kommen herein und fahren erschrocken zurück. Rosa dreht unbeirrt Fleisch durch den Wolf. Antonio spielt jetzt einen recht schönen Blues.*

KOMMISSAR Mit einer Klarinette im Mund?

ROSA Ja, wenn er nicht spielen darf, mag er nicht essen. Aber, wo Sie schon mal da sind, wenn Sie mich vielleicht ablösen könnten, ich bin fast ohnmächtig vor Anstrengung.

KOMMISSAR Gut ...

ROSA Die Klarinette können Sie ruhig wieder wegnehmen ...

KOMMISSAR Ja ...

ROSA Aber Sie dürfen ihn nicht losbinden. Es geht um Leben und Tod. Ich gehe derweil in die Küche und mach ihm seinen Fruchtmix ...

KOMMISSAR Fein ... *Rosa ab in die Küche. Sobald Rosa weg ist, hört Antonio auf zu spielen.*

ANTONIO *leise, gepreßt* Hilfe.

KOMMISSAR Äh?

ANTONIO Ich habe ein Stück Schweinsfuß in der Nase. Bitte, einen Nasenstocher ...

KOMMISSAR Was reden Sie da?

ANTONIO *immer noch leise* Bitte, machen Sie mich los! Diese Wahnsinnige will mich umbringen. Bringen Sie mich hier weg.

KOMMISSAR Weg? Wohin? Ins Gefängnis?

ANTONIO *laut* Meinetwegen. In den Zoo! Nur weg hier, von dieser Verbrecherin!

KOMMISSAR Immer schön ruhig ruhig! *Zu einem der Polizisten, der den Befehl sofort ausführt* Schließ die Küchentür ab! *zu Antonio* Einverstanden, wir binden Dich los, aber vorher muß Du uns einen kleinen Gefallen tun. Du mußt uns ein bißchen was über Agnelli erzählen. Aber die Wahrheit ...

ANTONIO Ja natürlich, Agnelli ...

KOMMISSAR Du warst dabei an dem Abend, nicht wahr?!

ANTONIO Ja, ich war dabei ...

KOMMISSAR Bravo!

ANTONIO Aber ich habe nichts mit der Entführung zu tun. Ich habe den Präsidenten sogar gerettet ...

KOMMISSAR *zu einem der Polizisten* Dreh mal wieder ein bißchen! *Der Polizist setzt den Fleischwolf wieder in Gang.*

ANTONIO Nein, nein, aufhören! Ja, es stimmt ... ich war der Anführer der Kommandoeinheit, die Agnelli entführt hat. Ich bin ein Terrorist! *Der Polizist hört wieder auf zu drehen.* Ich habe die Entführung geleitet. Ich erzähle Euch alles. Aber macht mich hier los, um Himmels Willen!

KOMMISSAR Nein, ist das ein Wunder! So ein Dingsda müssen wir bei uns im Präsidium auch einführen! *Die Polizisten machen ihn los und nehmen ihm die Maske mit dem Fleischwolf ab.*

KOMMISSAR *gleichzeitig* Macht ihn los.

ROSA *rüttelt von innen an der Küchentür* Heh, Ihr da! Wieso haben Sie mich eingeschlossen?! Sofort aufmachen! *Der Kommissar schließt die Küchentür auf. Rosa kommt herein mit einer Schüssel.* Was erlauben Sie sich eigentlich, mich in meiner eigenen Küche einzuschließen?! *zu Antonio* So, komm ... *Sie bemerkt, daß die Polizisten ihn losgebunden haben. Zum Kommissar* Warum haben Sie ihn losgebunden?

ANTONIO Kein, kein Obstsalat, bitte!

ROSA *zu Antonio* Du ißt jetzt sofort Deinen Obstsalat! *zum Kommissar* Und Sie können bei sich zu Haus losbinden, wen Sie wollen, bei mir nicht!

KOMMISSAR Seien Sie unbesorgt, junge Frau! Ihr Mann kommt einen Augenblick mit ins Präsidium, um uns ein paar Geschichten zu erzählen. Sie bleiben brav zu Hause und essen Ihren Obstsalat!

POLIZIST Herr Kommissar, soll ich in der Zentrale anrufen, damit sie uns einen Wagen schicken, als Begleitschutz?

KOMMISSAR Nein, nicht telefonieren ... Willst Du die Sache in alle Welt hinausposaunen? Wenn das bei uns über die Zentrale läuft, wissen alle Bescheid: Karabinieri, Verfassungsschutz, Nachrichtendienst, Militärischer Abschirmdienst, Kriminalamt ... Es gibt kein Polizeitelefon, das nicht abgehört wird! Ich kontrolliere Dich, Du kontrollierst mich ... Wir sind ein Volk von Kontrolleuren! *Sie schieben Antonio zur Tür hinaus. Antonio und die beiden Polizisten ab. Rosa läuft hinterher und hält den Kommissar an der Tür fest.*

ROSA Halt! Halt! Und sein Fleischwolf?

KOMMISSAR Nein nein ...

ROSA Und wie soll er sich ernähren?

KOMMISSAR Schauen Sie, liebe Frau ...

ROSA Soll ich ihn Ihnen einwickeln?

KOMMISSAR Machen Sie sich nur keine Umstände! Um die Leute zum Reden zu bringen, haben wir im Polizeipräsidium einfachere Mittel ... *Er lacht.*

ROSA Reden? Im Präsidium? Ist er etwa verhaftet?

KOMMISSAR Nun übertreiben Sie mal nicht. Dies ist eine einfache Festnahme für die Dauer der Ermittlungen bis zum Urteil. Etwa drei Jahre! *Er lacht.*

ROSA Ich will sofort den Haftbefehl sehen!

KOMMISSAR Welchen Haftbefehl? Wissen Sie das etwa nicht? Der ist nicht mehr nötig: Antiterrorgesetze! Hausdurchsuchungen, Festnahmen, Verhaftungen, Vorbeugehaft, einschließlich Rechtsbeugung ... alles gratis! *Er lacht schallend und geht ab.*

ROSA Mein armer Antonio! Wieso bringen sie ihn ins Präsidium?

Das Fenster kommt herein. Rosa schaut hinaus.

ROSA Da, jetzt laden sie ihn ins Polizeiauto ein ... *Sie ruft halblaut* Antonio Antonio! *Sie ruft lauter* Antonio! *noch lauter* Antoniooo!

Durch die weit geöffnete Eingangstür zum Treppenhaus kommt der Doppelgänger herein.

DOPPELGÄNGER Hier bin ich ... Ich bin hier ... *Mit diesen Worten antwortet er jeweils auf die Rufe Rosas. Er setzt sich in den Lehnstuhl.*

ROSA *verwirrt* Er hat mir geantwortet. Er hat geantwortet! *Sie breitet die Arme aus und ruft zum Fenster hinaus, das heißt ins Publikum.* Antonio!!!

DOPPELGÄNGER *jetzt ebenfalls laut* Aber ich bin hier! Warum schreist Du so? Was ist? Ich warte und warte auf den elektrischen Stuhl, und Du kommst nicht! Mach mir endlich etwas zu essen, sonst sterbe ich vor Hunger!

ROSA *dreht sich um. Entsetzt* Oh mein Gott ... Ein Antonio hier ... *Sie deutet auf den Doppelgänger im Zimmer und schaut dann wieder zum Fenster hinaus und deutet mit dem Arm ins Publikum.* Ein Antonio da ... Zwei Antonios!! *verzweifelter Aufschrei* Er hat sich verdoppelt *Sie bricht ohnmächtig zusammen.*

DOPPELGÄNGER Und wer dreht mir jetzt mein Fleisch durch den Wolf?

Licht aus. Heftiger Musikeinsatz.

Musikwechsel: burleske Musik. Instrumentierung wie zuvor. Weiterhin in Rosas Wohnzimmer. Die Schlafzimmertür geht auf. Eine seltsam verkleidete Figur springt herein und hüpft komisch umher. Der Mann trägt eine blaue Montur, auf der überall Taschen mit blitzenden Reißverschlüssen aufgenäht sind. Auf dem Kopf hat er eine Art Fallschirmjägerbarett und eine dunkle Motorradbrille. In den Stiefeln steckt ein Dolch. Er hat eine Revolvertasche mit großkalibriger Waffe umgeschnallt. Hüpft lautlos an den Wänden entlang, schaut suchend unter den Tisch und blickt auch kurz in die Küche. In der Hand hat er ein Funksprechgerät, das ständig piept und quakt. Er geht zum Fenster, sucht kurz und entfernt eine Wanze, die er triumphierend vorzeigt. Geht zum Kleiderständer, macht etwas ab und zeigt abermals eine Wanze vor. Hüpft zur Eingangstür, öffnet sie und gibt Zeichen, hereinzukommen. Das ganze sehr rasch. Ein zweiter Mann kommt herein, identisch mit dem ersten, gefolgt von zwei weiteren, ebenfalls identischen, die bereits die falschen Schubladen der Kommode mitbringen, die später gegen die echten ausgetauscht werden.
Der Anführer der Lauschtruppe geht so vor, als habe man ihm vorher die Örtlichkeiten bereits erklärt. Er gibt seine Kenntnisse durch Zeichen an die anderen weiter. Ein Agent zieht die Schubladen aus der Kommode und wird dabei von einem anderen unterstützt. Der Gruppenführer holt ein Funksprechgerät hervor, läßt eine lange Antenne ausfahren und spricht hinein.

GRUPPENFÜHRER Hallo! Ja, hier Gruppenführer BEFA-7-S. an Zentrale ... Hören Sie mich? Ja, am Posten, wir sind auf dem Posten. Ja, der Observierungsposten wird gerade vorbereitet ... *zu den zwei Agenten an der Kommode* Beeilt Euch, die falschen Schubladen reinbringen und den Rest! *wieder zum Funksprechgerät* Ja, mit der Zeit kommen wir hin ... Die Frau ist noch oben auf dem Dachboden, mit einem Mann. Sie tun sehr geheimnisvoll ... Nein, nein, nicht ihr Mann, die beiden siezen sich. Habe ihn bisher nicht aus der Nähe gesehen ... Ja, ich warte, bis sie runterkommen ... *Zwei Agenten haben inzwischen eine neue Platte für die Kommode hereingebracht. Sie hat Ähnlichkeit mit einem Pranger: ein großes*

Loch in der Mitte, durch das der Gruppenführer den Kopf stecken kann, wenn er in der Kommode sitzt, sowie zwei kleinere Löcher für die Hände. Ja, ich habe alles durchsucht! Jemand hatte bereits zwei Wanzen angebracht, eine am Fenster und eine am Kleiderständer ... Nein, nein, nicht unsere, typische Arbeit der Abteilung T-E ... Natürlich, sind sofort beseitigt worden ... *Während er in sein Walky-Talky spricht, zwängen ihn die anderen in die Kommode, deren Schubladen sie durch Fächer ohne Boden ersetzt haben. Sein Kopf, der aus dem Loch in dem neuen Kommodenaufsatz herausschaut, wird durch eine große Suppenschüssel ohne Boden getarnt. Auf die Schüssel kommt ein Deckel, den der Gruppenführer seitlich mit Hilfe seiner Hände selber abheben kann. Ein anderer Agent versteckt sich im Unterbau des Fernsehers, so daß sein Kopf in Höhe der Mattscheibe erscheint. Er ist normalerweise unsichtbar. Lediglich wenn der Fernseher eingeschaltet wird, sieht man ihn. Die übrigen Agenten hüpfen hinaus ins Treppenhaus.*

GRUPPENFÜHRER Achtung, sie kommen herunter, alle beide ... Ich tauche jetzt unter! Ende! Ja, das Mikrophon für Eure Tonbandaufzeichnung habe ich bei mir ... Ende! *Bei diesen Worten nimmt er den Deckel der Suppenschüssel und setzt ihn sich auf den Kopf, so daß er tatsächlich nicht mehr zu sehen ist. Rosa tritt auf.*

ROSA *zum Publikum* Rosa hat endlich entdeckt, daß es zwei Antonios gibt. Der eine ist ihr Mann, der andere FIAT-Präsident Agnelli, *der Doppelgänger tritt auf* der sich weigert, nach Hause zurückzukehren und das Mißverständnis aufzuklären, durch das Rosas Mann immer noch im Gefängnis sitzt. *zum Doppelgänger* Wo sie ihn grün und blau prügeln und alles nur Ihretwegen!

DOPPELGÄNGER Meinetwegen?

ROSA Wo sind nur meine Zigaretten?!

DOPPELGÄNGER Regen Sie sich nicht auf, Frau Minelli.

ROSA Meine Zigaretten! *Sie öffnet eine Schublade der Kommode, findet sie aber nicht.*

DOPPELGÄNGER Nicht aufregen! Wieso meinetwegen verprügelt?

ROSA *Der in der Kommode versteckte Agent schiebt von*

innen eine Schublade heraus und legt von oben her eine Zigarettenschachtel hinein. Ah, da sind sie ja. Danke.

DOPPELGÄNGER Ich möchte einmal wissen, liebe Frau Minelli ...

Rosa entnimmt der Schachtel eine Zigarette, legt die Schachtel in das Schubfach zurück und will zuschieben, aber das Schubfach schließt sich von selber. Rosa ist einen Moment lang überrascht.

DOPPELGÄNGER Warum Ihr hilfreicher Antonio ... Nicht einen Finger gerührt hat, als ich *er gibt Rosa Feuer* im Krankenhaus lag und mein Gesicht verschandelt wurde. Hat er da etwa etwas unternommen? Nein! Es war ihm egal! Jetzt habe ich das Gesicht von einer Marionette! *Er hebt gedankenverloren den Deckel der Suppenterrine ab, so daß der Kopf des Geheimagenten sichtbar wird, und wirft das Streichholz hinein. Er schüttelt sich, als ob er ein Gespenst gesehen hätte.* Und dann redet man vom Zynismus der herrschenden Klassen! *Pause, er schüttelt abermals den Kopf.* Mir geht's gar nicht gut heute.

ROSA Oh je, oh je, Sie können sich doch sofort Ihr früheres Gesicht wieder herstellen lassen bei dem Geld, das Sie haben!

DOPPELGÄNGER So, meinen Sie? Erst einmal müßte ich mir die Gesichtszüge Ihres Mannes wieder abkratzen lassen, mich pellen oder besser gesagt schälen lassen, wie einen Apfel ... und dann: Wo wollen die Ärzte die Haut hernehmen, um mir die Gesichtsknochen neu zu bespannen, nachdem sie meinen Hintern gehäutet haben, daß ich aussehe wie ein Pavian? ... Außerdem habe ich überhaupt keine Lust, auf meine Yacht zurückzukehren ... *Der Geheimagent im Fernseher rückt näher, um Agnelli besser verstehen zu können. Dabei stößt er den Doppelgänger an.* Sagen Sie mal, schubsen die Möbel bei Ihnen immer so? ... Ich habe nicht die geringste Neigung, wieder Industriekapitän zu werden. Andauernd die Angst, umgelegt oder jeden Augenblick entführt zu werden. Ständig beschützt und überwacht werden, sogar in den intimsten Situationen. Wenn ich mit einer

Frau zusammen bin, werde ich beglotzt von einer Horde Spanner, die sich Geheimagenten nennen, und jede meiner Bewegungen kontrollieren! Wenn ich was essen will: Halt! Erst kosten! Ich will etwas trinken! Halt! Erst kosten. Vor dem Beischlaf: Halt ... Alles müssen sie kosten!

Die Tür wird aufgestoßen, und ein Mann in Montur schiebt einen großen Geschirrspülautomaten herein.

MANN IN MONTUR Wohnt hier Frau Minelli?

ROSA Was fällt Ihnen ein, einfach in meine Wohnung hereinzuplatzen, ohne vorher anzuklopfen?

MANN IN MONTUR Wo ist denn da der Unterschied? Wenn ich vorher geklopft hätte, wären Sie doch nicht jemand anders gewesen? Oder?!

ROSA Wie geistvoll, jeeh!

MANN IN MONTUR Dieser Herr da, ist das Ihr Mann?

ROSA Das ist meine Sache! *Sie schiebt Agnelli ins Schlafzimmer und schließt hinter ihm ab.* Und dies Ding da, was ist das? Ihre Frau?

MANN IN MONTUR Ein Geschirrspülautomat. Für Sie.

ROSA Für mich? Eine Geschirrspüle? Sie sind nicht normal! Ich habe keine bestellt.

MANN IN MONTUR Dann muß sie Ihnen jemand geschenkt haben ...

ROSA Nicht im Traum. Nehmen Sie das Ding wieder mit.

MANN IN MONTUR Ich weiß nur, daß sie für Sie ist, und habe keine Lust, sie wieder mitzunehmen. Auf Wiedersehen. *Er geht ab.*

ROSA *ruft ihm nach* Heh, Sie! Sie können mir doch keine Geschirrspüle anhängen! *Sie öffnet die Schlafzimmertür. Der Doppelgänger kommt heraus.*

DOPPELGÄNGER Was ist denn nun schon wieder?!

ROSA Man hat mir eine Geschirrspülmaschine aufgeschwatzt!

DOPPELGÄNGER Aber das ist doch ganz normal. Wir von der FIAT schwätzen den Leuten seit 80 Jahren Autos auf, und keiner findet etwas dabei! *Beide ab ins Schlafzimmer. Wieder Musik. Der Deckel der Geschirrspülma-*

schine öffnet sich von innen, und einer der Geheimdienstagenten vom Anfang der Szene schaut heraus. Ebenfalls mit einem Funksprechgerät. Gleichzeitig kommt der Ausfahrer wieder herein. Er nimmt die Büste mit den zwei Gesichtern und hilft dem Agenten, der aus der Geschirrspüle steigt, sich damit zu tarnen. In der Oberfläche der Maschine befindet sich ein Loch, durch das der Agent seinen Kopf streckt, während er in der Maschine hockt. Auf seinen Kopf wird die Büste gesteckt. Der Gruppenführer im Buffet hebt den Deckel der Terrine und schaut zur Geschirrspüle mit der Büste obenauf. In dem Moment, als er sich den Suppendeckel wieder aufsetzt, geht im Fernseher das Licht an und der darin sitzende Geheimdienstagent wird sichtbar. Er kontrolliert das Zimmer mit den Augen, stellt den Fernseher wieder ab und verschwindet im Dunkeln. Lucia tritt ein.

LUCIA Rosa! Rosa, bist Du daheim!?

ROSA *kommt aus dem Schlafzimmer* Was gibt es?

LUCIA Große Neuigkeiten . . .

ROSA Von Antonio? *Auch der Doppelgänger kommt wieder herein.*

LUCIA Nein, nicht ganz, indirekt. Guten Morgen, Herr Präsident! Wie geht es Ihnen heute? *Bei dem Wort »Präsident« zucken die Möbel zusammen.*

DOPPELGÄNGER Guten Tag. Nennen Sie mich nicht Präsident. Unter keinen Umständen! . . .

ROSA Was sind das für Neuigkeiten, von denen Du sprichst?

LUCIA Im Radio . . . Auch im Fernsehen . . . Vor einer halben Stunde höchstens . . . Habt Ihr's nicht gehört?

ROSA *geht zum Fernseher und schaltet ihn ein. Auf dem Bildschirm erscheint der Kopf des Geheimagenten. Er öffnet und schließt den Mund wie ein Fisch. Alles ohne Ton.* Das Fernsehen?

DOPPELGÄNGER Nein, wir haben nichts gehört. Was sagen denn das Radio und der Fernseher?

ROSA *Sie schlägt gegen die Seitenwand des Fernsehers, der sich daraufhin wieder abschaltet.* Nie funktioniert der Ton in dieser Bruchbude!

DOPPELGÄNGER Der Apparat ist eben nicht von FIAT! Und? Was sagt das Fernsehen?

LUCIA Daß der Ministerpräsident einen Brief erhalten hat von Agnelli.

ROSA Was redest Du da?!

LUCIA Doch, und einen weiteren Brief hat der Innenminister bekommen . . .

ROSA Aber was soll der Quatsch! Die Briefe sind gefälscht, oder?!

DOPPELGÄNGER Nein, sie hat recht! Die Briefe sind echt! *amüsiert* Sie sind zwar nicht im Versteck der Roten Brigaden geschrieben worden, sondern hier, aber ich selber habe sie abgeschickt.

ROSA Sie?

Die drei sitzen jetzt am Tisch in der Mitte des Zimmers. Sämtliche Möbel rücken einige Zentimeter näher, um besser hören zu können.

DOPPELGÄNGER Ich bin selber runter . . .

ROSA Wann denn?

DOPPELGÄNGER Vor drei Tagen. Erst habe ich sie geschrieben, dann bin ich runter und habe sie eingeworfen.

ROSA Aber . . .

DOPPELGÄNGER Sofort . . . *Er geht zur Kommode, auf der das Telefon steht, und nimmt ein Buch in die Hand.*

ROSA Und was haben Sie in diesen Briefen geschrieben?

DOPPELGÄNGER Einen Augenblick, das sage ich Ihnen sofort . . . Hier, die erste und zweite Seite. *reicht Rosa und Lucia das Buch*

LUCIA Aber das ist ja das Buch mit den Briefen von Aldo Moro . . . Die er schrieb, als sie ihn entführt hatten . . . Bevor er umgebracht wurde . . .

ROSA Das ist ja mein Buch! Tatsächlich: Die Briefe des entführten Präsidenten der christdemokratischen Partei aus dem sogenannten Volksgefängnis der Roten Brigaden . . .

DOPPELGÄNGER Genau. Ich fand es dort drüben im anderen Zimmer, und beim Durchblättern kam mir die Idee . . . Ich habe die Briefe einfach abgeschrieben . . . Mit ein paar geringfügigen Änderungen. Da bitte, den Brief an den Ministerpräsidenten habe ich sogar Wort für Wort abgeschrieben und nur die Anschrift geändert. Weil der Ministerpräsident inzwischen gewechselt hat ... Der Innenminister ist derselbe geblieben. Natürlich habe ich die Entwürfe der Briefe aufgehoben ... Da bitte. Mit meiner Unterschrift drunter. Als Beweis.

Die Geschirrspülmaschine rückt ganz nahe an Agnelli heran, um die Unterschrift besser lesen zu können. Auch die anderen Möbel kommen näher und bilden einen Kreis um die drei.

DOPPELGÄNGER *der das Möbelrücken bemerkt hat* Mir ist schlecht!

LUCIA Also nein, Rosa, was ist denn hier los. Deine Geschirrspüle bewegt sich ja von selber ...

ROSA Das werden die Vibrationen des Motors sein ...

LUCIA Aber sie ist doch gar nicht angeschaltet ...

ROSA *zerstreut* Dann stell sie eben an ... Vielleicht ist sie dann ruhig.

Lucia schiebt die Maschine an ihren Platz zurück. Die anderen Möbel kehren von selber auf ihre Posten zurück.

LUCIA Also weißt Du ... Anstellen, damit sie stehen bleibt ...

ROSA Wenn Sie mir das bitte erklären würden ... Weshalb verschicken Sie abgeschriebene Briefe, wenn jeder sofort bemerken muß, daß es die Briefe von Moro sind ...

DOPPELGÄNGER Natürlich merken sie es, sogar die Politiker ... Aber sie werden so tun, als ob sie nichts merken! Ich habe nämlich sofort den entscheidenden Punkt angeschnitten: Sofortiger Austausch von 32 Gefangenen ... Politische Gefangene, allesamt rechtskräftig verurteilt zu lebenslanger Haft. Gegen meine Freilassung!

ROSA Und mein Antonio?

DOPPELGÄNGER Warten Sie's ab! Ihr Mann ist bisher nicht zu lebenslänglich verurteilt worden ... Und außerdem: Wenn wir seine Freilassung verlangen, gilt er sofort als echter Terrorist, nicht wahr? *Er lacht.* Vergessen Sie nicht, daß alle überzeugt sein werden, ich hätte diesen Brief aus dem Versteck der Roten Brigaden geschrieben, wo ich gefangen gehalten werde ...

ROSA Also gut, diesmal haben Sie recht, aber eins will ich trotzdem wissen. Warum haben Sie diese Briefe verschickt? Warum verlangen Sie, 32 Gefangene freizulassen? Warum? Was ist das für ein abgekartetes Spiel?

DOPPELGÄNGER Ich will einfach einmal feststellen, für wie wichtig der Staat und die Regierung mich halten ... Vor allem die Politiker ... Welchen Wert ich für sie habe ... Ob sie mit mir genauso umspringen wie mit Moro. Das heißt, ob sie es wagen, mein Leben zu opfern ... *Er lacht höhnisch.* Ich will wissen, ob sie 32 politischen Gefangenen die Freiheit verweigern, obwohl sie dadurch mein Leben aufs Spiel setzen ... Ich habe ausdrücklich 32 verlangt, nicht etwa nur einen! Ich bin ja nicht verrückt! *Er lacht wiederum höhnisch.* Ich wüßte nur zu gerne, ob sie genauso reagieren werden wie im Fall D'Urso! Der Richter D'Urso! Erinnern Sie sich? Ob sie es wagen, eine totale Nachrichtensperre zu verhängen, wie in seinem Fall. Das heißt, ob sie die Zeitungen zwingen werden, nichts mehr über mich zu berichten. Wenn das so ist, dann kaufe ich sie allesamt auf, diese Zeitungen! Einschließlich der Comic Strips und der Strickmuster. Verstehen Sie?

LUCIA Verzeihung, aber Sie legen eine Überheblichkeit an den Tag, daß mir davon übel wird! Was glauben Sie eigentlich, wer Sie sind?

DOPPELGÄNGER *einfach* Agnelli! Giovanni Agnelli! Eigentümer und Präsident des FIAT-Konzerns! Hundertfünfundsiebzig Industrieunternehmen allein in Europa! Davon vier in Polen! In Polen!! Mit der Fahne der Jungfrau Maria!

LUCIA Hören Sie ...

DOPPELGÄNGER Ja ...

LUCIA Sie vertrauen also auf den Schutz Ihres Ansehens und Ihrer Machtposition?

DOPPELGÄNGER Richtig!

LUCIA Sie haben die Briefe Aldo Moros kopiert, nun gut! Das wird Ihnen nichts nutzen!

DOPPELGÄNGER Und warum nicht?

LUCIA Die Journalisten und Politiker werden einfach die Artikel abschreiben, mit denen sie seinerzeit die flehentlichen Appelle des Präsidenten der christdemokratischen Partei abgelehnt haben . . .

ROSA Recht hast Du, Lucia! Ich sehe die Titelzeilen schon vor mir, wie bei Moro: »Der Staat muß seine Stärke beweisen, durch die Opferung eines seiner wertvollsten Bürger!« Das schrieb damals ein bekannter Senator auf Lebenszeit. Seitdem nennen wir ihn »Senator bis zum Tode«.

DOPPELGÄNGER Nun gut! Wenn sie mein Leben wollen, oder besser gesagt meinen Tod – ich habe meinen letzten Willen bereits erklärt!

ROSA Ihr Testament?

LUCIA *gleichzeitig* Wirklich?

DOPPELGÄNGER Ja. Mein eigenhändiges Testament! Es hat nur vier kurze Abschnitte. »Meine lieben Freunde in der Regierung! Mit meinem Tode sind Sie alle entlassen!« Und dann erst das Finale: »Bei meiner Beerdigung möchte ich kein Regierungsmitglied sehen, noch einen Vertreter des Staates, noch der Kirche. Ich will keine Familienangehörigen – am allerwenigsten aber meinen verblödeten Bruder. Ich möchte verbrannt werden. Meine Asche soll von einem Hubschrauber in den Himmel über Turin getragen und über dem Werksgelände meiner drei größten Fabriken ausgestreut werden, damit meine Arbeiter sie einatmen! Sie werden mich nicht im Herzen bewahren! Nein! Dafür aber in ihren Lungen! Für immer!« *Die Wohnungstür springt auf, und ein Kellner tritt ein: weiße Jacke und weiße Handschuhe. Er trägt vor dem Gesicht die Maske eines Hanswurst.*

KELLNER Einen recht schönen Tag allerseits und alles Gute zum Karneval, auch wenn gerade Fastenzeit sein sollte! Sie sind die Dame des Hauses, nicht wahr?

ROSA Ja, und was gibt's?

KELLNER Champagner, meine Dame. Nein, nicht der übliche, französische Prickelkram . . . Aus eigenen Landen, in Pulverform! Nes-Sekt . . . Eisgekühlt!

ROSA Ich habe keinen Champagner bestellt. Da muß ein Mißverständnis vorliegen.

KELLNER Nein, kein Mißverständnis, Madame! Ein Geschenk der Stadtverwaltung! Das gehört zum Kulturprogramm gegen Krise und Arbeitslosigkeit: »Maskenfeste und Alkoholismus in Massen!«

DOPPELGÄNGER *lacht hämisch*

ROSA Nein, nein, tut mir leid, aber auf derart plumpe, demagogische Tricks falle ich nicht herein!

Aus der Jacke des Kellners ist ein häßliches, schnarrendes Geräusch zu hören. Alle erschrecken, auch der Kellner, und schauen sich erstaunt an. Der Doppelgänger begreift die Situation als erster.

DOPPELGÄNGER Da, da aus Ihrer Jacke!

KELLNER Danke vielmals! *Er zieht aus seiner Jacke ein Funksprechgerät.* Ich werde unten an der Bar verlangt! *Er hält das Gerät ans Ohr, aus dem jetzt ein unverständliches Kauderwelsch ertönt.* Ja, ja, ja!

ROSA Mein Gott, sind Sie aber gut organisiert!

KELLNER *zu Rosa* Frau Minelli, mein Chef meldet mir eben, daß der Kommissar, den Sie ja bereits kennen, mit zwei Polizeibeamten und einem Gefangenen im Anmarsch ist!

DOPPELGÄNGER Auch das noch!

ROSA Mein Antonio! Sind sie schon im Treppenhaus?!

KELLNER Nur keine Hast, gute Frau. Sie haben noch genügend Zeit, um alles vorzubereiten, sich herzurichten, wie es sich gehört. *Das Funkgerät schnarrt abermals.* Das ist nochmal für mich ... *Er holt das Gerät wieder hervor, hört sich den Wortsalat einen Moment lang an, lacht meckernd und nähert sich dann dem Doppelgänger, dem er vertraulich, aber sehr laut etwas zuflüstert.* Die Juventus hat verloren! *Er geht hämisch lachend zur Tür und öffnet sie. Bleibt stehen und wendet sich wieder in den Raum.* Ich komme später noch einmal wieder, um den Kübel und die Gläser zu holen ... Bitte bedienen Sie sich!

Er dreht sich rasch um, um zu gehen, bemerkt nicht, daß er die Wohnungstür inzwischen wieder angelehnt hatte, und rennt mit der Clownsnase gegen die Tür, wobei er sich auch noch die Hand einklemmt.

KELLNER *nach einem Aufschrei* Bitte machen Sie hinter mir

zu! *Der ganze Auftritt des Kellners wird sehr forciert gespielt.*

DOPPELGÄNGER *öffnet den Eisschrank* Rosa!

ROSA *gleichzeitig, während sie noch über den Kellner nachzudenken scheint* Ein Verrückter!

DOPPELGÄNGER Rosa! Da, schauen Sie!

ROSA *immer noch in Gedanken* Total verrückt geworden . . .

DOPPELGÄNGER Der Eisschrank ist völlig leer . . .

Während Rosa und der Doppelgänger sich über den Eisschrank beugen, schleicht sich der Kellner wieder herein und versteckt sich unter dem Tisch.

ROSA Wie ist das denn passiert?

DOPPELGÄNGER Vielleicht waren die von den Erdölkonzernen hier!

ROSA Ohje, ohje!

DOPPELGÄNGER Oder die vom Finanzamt! Einen Vorteil hat die Sache . . . Mal sehn, ob ich reinpasse . . .

ROSA Ja, verstecken Sie sich, kriechen Sie hinein . . . *Der Doppelgänger verschwindet im Eisschrank.* Oh, mein Gott, was für ein seltsamer Tag. Jetzt kommt auch noch der Kommissar!

Der Kommissar tritt in der üblichen Pose ein, anmaßend, gefolgt von einem Polizeibeamten. Alle wie üblich in Zivil. Während Rosa und Lucia sich dem Kommissar und seinen Leuten zuwenden, schiebt der Agent die Tischplatte auseinander (Ausziehtisch), so daß in der Mitte ein Spalt entsteht, durch den er seinen Kopf steckt. Er hat sich weiß angemalt und verzieht keine Miene, so daß er wie eine Statue aussieht, die auf dem Tisch steht. Auf den Kopf setzt er sich Rosas schwarze Perücke.

ROSA Guten Tag, Herr Kommissar.

KOMMISSAR Guten Tag, störe ich?

ROSA Nicht doch. Es freut mich, Sie endlich wieder einmal zu sehen! Erzählen Sie mir etwas über meinen Antonio. Wie geht es ihm?

KOMMISSAR Was soll ich sagen, Ihrem Antonio geht es leider gar nicht gut, Frau Minelli! Er fühlt sich etwas aufgeschwemmt. Außerdem stolpert er andauernd und ist arg hingefallen.

ROSA Ja, wahrscheinlich wegen der Schläge, die er bei Euch bekommt, nicht wahr?

LUCIA Still, Rosa, nicht drauf reinfallen!

KOMMISSAR Teilweise. Ja. Aber auch, weil er säuft wie ein Loch.

ROSA Er säuft?

KOMMISSAR Ja.

ROSA Mein Antonio? Säuft? Wo er doch so enthaltsam ist!

KOMMISSAR Enthaltsam, das stimmt. Er trinkt nur Wasser! Mit Salz!

ROSA Wasser und Salz?

KOMMISSAR Ja, eimerweise. Durch einen Gummischlauch, den wir ihm eingeführt haben. Wenn Sie wüßten, wie naschhaft er ist! Gluck, gluck, gluck!

ROSA So, und da seid Ihr noch stolz drauf?! Ihr Mistkerle! Schämt Ihr Euch nicht? Faschisten! Folterer!

KOMMISSAR *plötzlich streng* Schluß jetzt. Geben Sie acht, was Sie sagen!

LUCIA Nehmen Sie's ihr nicht übel, Herr Kommissar, Sie müssen verstehen ...

KOMMISSAR Aber gewiß doch, ich verstehe. Ich bin sogar sehr verständnisvoll. *Er lehnt sich gegen den Tisch, der sofort zur Seite rückt, so daß der Kommissar fast hinfällt.* Was ist denn mit dem Tisch los?

ROSA Ich weiß auch nicht, Herr Kommissar, die ganze Zeit schon bewegen sich die Möbel hin und her. Das müssen die Vibrationen der U-Bahn sein. Mir ist schlecht, Herr Kommissar!

KOMMISSAR Also lassen wir das ... Ich habe mir sogar die Mühe gemacht, Ihren Mann mit herzubringen ... *nach draußen* Kommt Ihr jetzt endlich? *wieder zu Lucia* Damit Sie ihm ein bißchen gut zureden, daß er endlich die Wahrheit sagt. *zu Rosa* Bisher hat Ihr Mann uns leider nichts als ein paar Märchen zu erzählen versucht. Inzwischen geht er so weit, zu behaupten, Sie seien zuständig für die Logistik der Roten Brigaden gewesen ...

ROSA Ich?!

KOMMISSAR Und Agnelli wäre bei Ihnen versteckt worden.

DOPPELGÄNGER *schaut kurz aus dem Eisschrank* Um Himmels Willen, verratet mich nicht!

KOMMISSAR *wieder nach draußen ins Treppenhaus* Heh, Ihr da! Beeilt Ihr Euch endlich ein bißchen?

ROSA Das soll mein Antonio gesagt haben?

LUCIA Natürlich, wenn sie ihn mit Salzwasser abfüllen, erzählt er ihnen, was sie wollen!

KOMMISSAR *Er geht zur Tür und schaut hinaus* Was macht Ihr denn da unten so lange?

POLIZIST *von draußen* Wir schaffen es nicht alleine, Herr Kommissar! Andauernd fällt er hin und zieht uns mit runter!

KOMMISSAR Dann legt ihm die Knebelkette an. Wartet, ich komme. *zu dem anderen Beamten* Und Du kommst mit. *beide ab*

ROSA Jetzt bringen Sie ihn um! Was sollen wir nur machen!

DOPPELGÄNGER *Schaut aus dem Eisschrank. Die ersten Worte gleichzeitig* Glaubt mir, glaubt mir, Ihr dürft ihm nicht widersprechen! Laßt ihn rumtoben, so viel er will!

LUCIA Aber wieso nicht widersprechen?

DOPPELGÄNGER Weil er total verrückt ist! Der bringt's fertig und ertränkt Euch! Den müßt Ihr mit Lügen bis obenhin vollstopfen, sonst füllt er Euch bis obenhin mit Wasser ab, wie Euren Antonio!

ROSA *die ersten Worte gleichzeitig* Was soll ich denn machen, was soll ich denn machen? Soll ich etwa sagen: Ja, ich bin die logistische Führerin der Roten Brigaden?

DOPPELGÄNGER Ja, ja, ja, ja, ja!

ROSA Aber ich kann nicht lügen! Das kann ich nicht!

DOPPELGÄNGER Dann stellen Sie sich einfach vor, Sie wären der Innenminister und müßten im Parlament eine Rede halten. Erfinden Sie einfach alles. Es wird niemand etwas merken! Und wenn Sie irgendwelche Zweifel haben sollten, dann klopfen Sie einfach . . . Dann komm ich . . . Ich souffliere Ihnen, wie im Theater . . .

LUCIA Rasch, verstecken Sie sich . . .

ROSA In Ordnung . . .

DOPPELGÄNGER Ich glaube sie kommen . . . *Er verschwindet im Eisschrank.*

KOMMISSAR *außen* Nur ein paar Stufen noch!

ROSA *gleichzeitig, innen* Ich hab' Angst!

KOMMISSAR *tritt ein* Eine Treppe noch, Frau Minelli, und Ihr Mann ist da!

ROSA *räuspert sich und bereitet sich in übertriebener Form darauf vor, ihren Mann mit gespieltem Zorn zu beschimpfen* Dem spuck ich eine aufs Auge! Ich hab' ja gleich gewußt, daß er die Hosen voll hat, dieses Drecksstück, und alles zugibt!

KOMMISSAR Wie bitte? Dann ist also was Wahres dran an dem, was er gesagt hat?

ROSA Ja, so ist es. Ich habe gewußt, wo Agnelli versteckt wird . . . Bis vor zwanzig Tagen jedenfalls, meinetwegen auch bis vor zehn!

KOMMISSAR Ach ja?! Und wo?

ROSA In einem Luftschiff!

KOMMISSAR Wie bitte? In einem Luftschiff?

ROSA Ja, eins von denen, womit sie die Reklame machen, für empfängnisverhütende Mittel und Kondome.

KOMMISSAR In einem Luftschiff zur Verhängnisverhütung?

ROSA Nein, unten drunter, in dem Kabinenkorb . . .

KOMMISSAR Eine von diesen silbernen Riesenzigarren, die jeden Sonntagnachmittag über dem Fußballstadion stehen?

ROSA Genau die! Was war er immer so glücklich, wenn er sich das Spiel ansehen durfte und seine Juventus gewann, während er in diesem riesigen Pariser saß . . .

KOMMISSAR *schroff* Erzählen Sie mir keine Märchen! Wir haben noch genug Wasser und Salz, falls Sie was brauchen. *Der Doppelgänger reicht aus seinem Eisschrank einen Schuh heraus.*

ROSA Nein, ich lüge nicht. Hier, für den Anfang, ein kleiner Beweis . . . *Sie schlägt den Schuh auf den Tisch*

KOMMISSAR Was ist das?

ROSA Können Sie nicht gucken? Ein Schuh!

KOMMISSAR Soll das schon wieder so ein Scherz sein? *nimmt den Schuh und betrachtet ihn aufmerksam*

ROSA Ich scherze nie! Ein Schuh des Präsidenten Agnelli! Marke Lenzuer-Broder, London . . .

LUCIA Spezialanfertigung, extra für ihn!

ROSA Wenn Sie mir nicht glauben wollen, rufen Sie im Hause Agnelli an!

KOMMISSAR Nicht nötig. *zum Wachtmeister* Du! Frag' in der Zentrale nach! *Der Beamte geht zum Telefon und hebt den Hörer ab.* Nein! Nicht telefonieren! Durch Funkspruch. Unsere Zentrale hat sämtliche Daten Agnellis. Sie sollen nachschauen ... In der Akte Kleidungsstücke!

Der Beamte holt sein Funksprechgerät hervor. Sofort werden aus sämtlichen Möbeln Antennen ausgefahren. Antonio wird von einem Beamten hereingebracht. Sein Bauch ist aufgequollen. Er speit Wasser in hohem Bogen. Auch aus seinen Ohren spritzt Wasser.

BEAMTER *ins Funksprechgerät* Hallo?! Zentrale?!

ROSA *mit gespielter Entrüstung* Ah, da ist er ja. Dieser Schwätzer! Dieser mistige Verräter! Dir müßten sie sämtliche Knochen brechen!

LUCIA Bitte, Rosa, sei nicht so streng mit ihm!

ANTONIO *Er gibt einen langgezogenen, unverständlichen Gurgellaut von sich, der wohl einen Satz bilden soll, von dem jedoch nur zwei Worte verständlich sind.* Oh, Rosa ... *dann etwas klarer* Rosa, verzeih, sie haben mich abgefüllt ... Oooh ... *Antonio hat sich mit einem nassen Schwamm in einem unbeobachteten Moment den Mund wieder mit Wasser gefüllt und spuckt es dem Kommissar ins Gesicht. Allgemeine Aufregung und großes Durcheinander.*

KOMMISSAR *Aufschrei*

ROSA Schweig still und schäm' Dich, Du ...

LUCIA Der Ärmste!

KOMMISSAR *nachdem sich die Aufregung wieder gelegt hat* Sperren Sie ihn aufs Klo, Wachtmeister! Weg mit ihm! Sonst ersaufen wir hier noch allesamt!

BEAMTER *der mit dem Funksprechgerät* Herr Kommissar, die Zentrale sagt, daß alles übereinstimmt: die Marke, die Art und die Schuhgröße ... Herr Agnelli war der einzige in Italien, der solche Schuhe trägt. Er und Papst Wojtyla.

ROSA *zufrieden* Aah ...

KOMMISSAR Oh, Mann! *Er nimmt den Schuh in die Hand.* Machen Sie sofort ein Foto davon ...

ROSA Oh ja, ein Erinnerungsfoto: Wir alle, mit dem Schuh!

Alle bilden eine Gruppe rund um den Schuh, wie zu einem Familienfoto. Einer der Beamten holt einen Fotoapparat mit Blitzlicht hervor. Die Geheimagenten tauchen aus ihren Möbeln auf, halten Fotoapparate hoch und knipsen ebenfalls wie wild mit Blitzlichtern. Der als Kellner verkleidete Agent hinter dem Kleiderständer bringt sogar eine altmodische Plattenkamera mit Magnesiumblitz in Position.

KOMMISSAR *schreit* Was soll das! Ist das eine Familienfeier?!
ROSA Sind Sie jetzt überzeugt, daß ich nicht gelogen habe?!
KOMMISSAR Nun ja, der Schuh ist ein Beweis ... Aber ein ziemlich, wie soll ich sagen, relativer Beweis!
LUCIA Wieso relativ?
KOMMISSAR Also wissen Sie, ein einzelner Schuh, das bedeutet noch lange nicht, daß er mit beiden Beinen hiergewesen ist ...
ROSA *nimmt den Schuh, den ihr Agnelli aus dem Eisschrank reicht und haut ihn auf den Tisch* Und zwei Schuhe? *Abermals geht ein Blitzlichtgewitter los.*
KOMMISSAR Häh? Ja gewiß ... Zwei Schuhe sind natürlich etwas anderes.

Der Doppelgänger reicht Rosa einige Blatt Papier und souffliert ihr.

ROSA Aber das ist noch nicht alles ...
KOMMISSAR *mit einem verzweifelten Aufschrei* Drei Schuhe?
ROSA Die handschriftlichen Entwürfe der Briefe, die Agnelli an den Ministerpräsidenten und den Innenminister gesandt hat.
KOMMISSAR Hören Sie zu, wenn das ein Witz sein soll, kommt Sie die Sache teuer zu stehen! *Die Möbel rücken eng an Rosa und den Kommissar heran.*
ROSA Nicht so teuer wie Sie, Herr Kommissar, wenn Sie die Aufzeichnungen nicht unverzüglich überprüfen lassen!
KOMMISSAR *übergibt einem Beamten die Papiere* Da, lauf rasch in die Zentrale ...

BEAMTER Ich eile ... *Er rennt gegen den Kleiderständer und entschuldigt sich.* Oh, verzeihen Sie!

GEHEIMAGENT *schaut hinter dem Kleiderständer hervor* Oh, keine Ursache.

ANDERER BEAMTER Herr Kommissar, da fällt mir ein, ich habe die Abendausgabe von zwei Zeitungen bei mir. In der einen ist der Brief an den Ministerpräsidenten abgedruckt. Ganz groß.

KOMMISSAR *vergleicht die Zeitung mit dem Brief* Die Handschrift ist tatsächlich sehr ähnlich. Offensichtlich eine ausgezeichnete Imitation der Handschrift. Nach allen Regeln der Kunst. *Die Möbel sind jetzt ganz dicht aufgerückt, um die Unterlagen und die Zeitung richtig betrachten zu können, und drücken deshalb Rosa, den Kommissar und seine Beamten eng zusammen, so daß sie sich kaum noch bewegen können.* Jetzt drängeln Sie doch nicht alle so!

BEAMTER Herr Kommissar, das bin nicht ich, das sind die Möbel, die schubsen andauernd! *Die Möbel kehren in ihre Ausgangsposition zurück.*

KOMMISSAR Also diese U-Bahn! Kommen Sie, wir gehen ans Fenster.

ROSA Nein! Erlauben Sie, daß das Fenster zu uns kommt!

Aus der Kulisse wird das Fenster gefahren und bleibt direkt vor den Leuten stehen.

KOMMISSAR Ein Vergrößerungsglas müßte man haben ...

ROSA Ich habe eins, hier, in der Schublade ... *Sie geht zum Buffet und will eine Schublade aufziehen. Der Geheimagent steckt die Arme durch die Löcher, hebt mit einer Hand den Deckel der Suppenterrine ab, holt mit der anderen ein Vergrößerungsglas aus einer Schublade und reicht es der Frau.*

ROSA Oh nein, es war in der Suppenterrine! *gibt dem Kommissar das Vergrößerungsglas* Da, schauen Sie, hier ist auch ein Lämpchen dran. *Der Geheimagent hinter dem Kleiderständer hebt einen kleinen aber starken Filmscheinwerfer in die Höhe und beleuchtet damit die Zeitung, um sie besser abfotografieren zu können.*

KOMMISSAR Himmel, was für ein Lämpchen! *Er vergleicht aufmerksam Zeitung und Notizen.* Perfekt gemacht! Die gleiche Handschrift. Sehr gute Fälschung.

LUCIA Wieso Fälschung? Wer soll das gefälscht haben? Niemand hat bisher jemals etwas Handschriftliches von Agnelli in der Hand gehabt, bis dieser Brief hier erschien! Und diese Zeitung ist keine Stunde auf dem Markt!

BEAMTER Ich würde es für authentisch halten.

ROSA Jetzt langt's mir aber! *Sie entreißt dem Kommissar blitzschnell die Unterlagen, läuft weg und gibt die Papiere weiter an Lucia. Musik. Alle verfolgen Rosa, die im Kreis um den Tisch rennt, auch die Möbel vollführen ein regelrechtes Karussell. Licht an und aus. Die Musik steigert sich. Schreie und Gelächter aus dem Lautsprecher, wie in einer Geisterbahn.*

KOMMISSAR *Er bleibt stehen. Außer Atem* Also nein! *Schlagartig ist alles wieder normal. Auch die Möbel stehen wieder an ihrem Platz.* Diese Untergrundbahn . . . Ist ja wirklich entsetzlich! *zu Rosa* Hören Sie, Frau Minelli, das geht zu weit. Sie sind verhaftet. Reden Sie endlich: Wo haben Sie Herrn Agnelli versteckt?!

ROSA Wenn Sie mich verhaften, sage ich gar nichts. Ich rede nur, wenn ich mich völlig frei bewegen kann und sämtliche Garantien eines Kronzeugen erhalte. Reumütige Terroristin, Handelsklasse A 1!

LUCIA Recht so, Rosa! Ohne feste Zusagen keine Aussage!

KOMMISSAR In Ordnung. Alle Zusagen, die Ihr wollt.

ROSA Nein, Ihre Zusagen nutzen nichts. Was ich anzubieten habe, ist zu groß für ihre unbedeutenden Schultern, mein lieber Herr Kommissar. Nein, tut mir leid, aber ich rede nur mit dem Chef der Antiterrorabteilung. Persönlich! Er soll herkommen! Hierher! Zu Pferde!!

KOMMISSAR *leise, nachdenklich* Zu Pferde . . . *laut* Und was hat er damit zu tun?! Die Polizei sind wir!

ROSA Eben! Die Polizei und die Geheimdienste sind für solche Sachen doch viel zu mickrig: Der VS, der BND, der MAD, die GASAG . . . Mein Gott, was seid Ihr alles für Schwätzer! *Sie spricht wie ein Kind, das einem anderen etwas nachruft.* Schwätzer! Schwätzer!

KOMMISSAR Jetzt habe ich aber genug! Ich schlage Euch den

Schädel ein! Dir und diesem Fräulein Flittchen! Dann erfährt überhaupt niemand etwas!

ROSA Schon gut, schon gut, das überzeugt mich. Ich will aussagen ... Aber ich verlange einen Richter! Das ist mein gutes Recht.

KOMMISSAR Natürlich, er kommt bereits. Ich habe ihn holen lassen. Der Richter, den Sie schon kennen ... Der beim letztenmal mit dabei war ... Erinnern Sie sich?

ROSA Und ob. Der Ärmste, dem Sie ins Bein geschossen haben.

KOMMISSAR *gedankenlos* Genau der ... *plötzlich aggressiv* Seien Sie still, Sie!

ROSA Also gut, dann warten wir eben.

KOMMISSAR *brüllt* Sie reden sofort! *Er zieht eine Pistole und richtet sie auf Rosa, die sich hinter dem Tisch versteckt. Alle ducken sich, auch die Geheimagenten ziehen die Köpfe ein und verstecken sich tief in ihren Möbeln.*

ROSA Bitte, Herr Kommissar, nicht schießen! Wir sind hier doch nicht im spanischen Parlament! Bitte nicht schießen! *Der Kommissar steckt die Pistole wieder weg. Die Geheimagenten stecken vorsichtig ihre getarnten Köpfe wieder heraus, und auch die Beamten im Gefolge des Kommissars verlassen ihre Deckung.*

KOMMISSAR Dein Glück, daß Du endlich vernünftig wirst! Jetzt paß gut auf! Von jetzt ab stell ich keine Fragen mehr ... Du erzählst, was Du weißt, und wehe demjenigen, der sie unterbricht! *zu den zwei Beamten in seinem Gefolge* Ist der Wasserbauch noch auf dem WC?

BEAMTER Ja, ich habe ihn eingeschlossen ...

KOMMISSAR Gut so, Du führst Protokoll und Du läßt das Tonband mitlaufen. So, fang an! Schön deutlich sprechen und keine Ausflüchte! Wann ist die Idee entstanden, den Präsidenten der FIAT zu entführen?

ROSA *repetiert mechanisch den Text, den Agnelli ihr aus dem Eisschrank zu soufflieren scheint* Die Idee, den Präsidenten der FIAT-Werke zu entführen, entstand bereits vor der Entführung des Präsidenten der christdemokratischen Partei, Moro ... *Die Möbel nähern sich wieder, um besser zu hören, was Rosa erzählt.*

KOMMISSAR Einzelheiten: Namen, Daten, Adressen! Alles!

ROSA Es geschah in den ersten Tagen des Januars. Ich befand mich in Mailand. Es war ein herrlicher Tag. Eine blasse Sonne leuchtete fahl und mühsam durch die dichten Nebelbänke . . .

KOMMISSAR *in ihre letzten Worte hinein* Stop! *Pause* Vergiß die fahle Sonne und die dichten Nebelbänke. Wir wollen ein Protokoll und keinen Roman . . .

ROSA *zu Agnelli im Eisschrank* Da sehen Sie, wie ich mich jetzt blamiert habe! *zum Kommissar* Also gut, keine Lyrik. Aber die Kleinigkeit mit dem Nebel ist wichtig . . .

KOMMISSAR Also gut, mit Nebel . . . Und was dann?

ROSA Ich befand mich in der konspirativen Wohnung in der Gutleutstraße . . . *Sie verheddert sich bei dem Wort »Gutleut« und versucht mehrfach, es richtig auszusprechen.*

BEAMTER Ach, der Unterschlupf, den das LKA entdeckt hat?

ROSA *Beugt sich zum Eisschrank hinunter und fragt Agnelli* War's die? *zum Kommissar* Ja, die war's, die sie im März 1979 eingerichtet und ausgehoben haben . . .

KOMMISSAR *zu sich selbst* März 1979? *laut* Moment mal . . . *eifrig* Dann waren die Frauenkleider, die in dem Schrank gefunden wurden, damals . . . Waren die vielleicht von Dir?

ROSA *erschrickt und macht eine Pause* Nein . . . Die gehörten . . . *Sie klopft mit dem Fuß gegen den Eisschrank, um Agnelli darauf aufmerksam zu machen, daß er ihr soufflieren muß. Der rührt sich nicht. Rosa räuspert sich mehrfach. Sie beginnt selber etwas zu erfinden.* Nein, die gehörten . . . Dem Priester.

KOMMISSAR Häh? Ein Priester war auch dabei?

Lucia spielt eine stumme Pantomime, die ihr Entsetzen darüber ausdrückt, wie Rosa sich vergaloppiert. Rosa erfindet weiter.

ROSA Ja, Don Anselmo, ein Arbeiterpriester. Wir nannten ihn nur den »Bombenpater« . . . Weil er immer fünfzehn bis zwanzig Bomben unter der Soutane versteckt hatte. Er hat die Kurie infiltriert . . .

KOMMISSAR Und der geht als Frau verkleidet?

ROSA Ja, um nicht so aufzufallen ... Eine stattliche Erscheinung, äußerste Eleganz, hohe Hacken. Stark parfümiert.

KOMMISSAR Was trägt er für eine Perücke?

ROSA Keine. Naturhaar. Offen, schulterlang ... Wenn er sich als Priester verkleidet, knotet er sie zu einem Dutt zusammen, hier im Nacken, und stopft sie sich unter den Hut.

KOMMISSAR Hören Sie, und die Brüste ... Sind die etwa auch Natur?

ROSA Nein, wo denken Sie hin? Das fehlte noch! Im Büstenhalter hat er zwei Handgranaten, leichte ... Taktische Waffen! Von Zeit zu Zeit ... *Sie tut so, als entnehme sie ihrem Büstenhalter eine Bombe und wirft sie in die Gegend.* ZACK ZACK! Und schon hat er nur noch eine Brust!

KOMMISSAR Kaum zu glauben. Das hast Du doch nicht etwa erfunden?

ROSA Aber nein, wenn Sie mir nicht glauben, rufen Sie bei der Kurie an. Fragen Sie nach Don Anselmo. Wenn Ihnen jemand antwortet mit einer weiblichen Stimme, das ist er.

BEAMTER *ins Funksprechgerät* Hallo, verbinden Sie mich mit der Kurie, erzbischöfliches Ordinariat ...

KOMMISSAR *zum Beamten* Was soll das?! Hör auf damit! Wir überprüfen das später ... *zu Rosa* Fahren wir fort ...

ROSA Wohin soll ich fahren?! *Pause* Jetzt habe ich den Faden verloren!

LUCIA Das haben Sie jetzt davon, Herr Kommissar, lassen Sie sie doch ausreden!

KOMMISSAR Verzeihung, Du hast recht! Du warst bei dem verkleideten Popen mit den taktischen Waffen im Büstenhalter stehengeblieben ...

ROSA Oh ja, richtig ... Also die Katharina sagt zu mir ...

KOMMISSAR *rasch* Wer ist Katharina?

ROSA Na er, der Pope, wenn er sich als Frau verkleidet!

KOMMISSAR Ah!

ROSA Also die Katharina sagt zu mir, um halb sechs, das ist um 17 Uhr 30, müßte ich zu einer strategischen Konferenz auf höchster Ebene ins Splendid kommen ...

KOMMISSAR Eine strategische Konferenz der Roten Brigade

im Kino?

ROSA Selbstverständlich, das ist der sicherste Ort und völlig unkontrolliert. Da finden alle strategischen Konferenzen statt, und auf die Weise kommt man auch mal ins Kino. An dem Tag spielten sie gerade so einen Schweinefilm, einen ... *Sie sucht nach dem passenden Wort.*

KOMMISSAR Porno?

ROSA Genau, Porno! Porno! Manche Wörter kann ich mir einfach nicht merken! Der Film handelte von einem erotomanischen Kriminalkommissar, der sich bis über beide Ohren in einen Transvestiten verliebt und am Ende selbst schwul wird. Daraufhin geht er im Park auf den Schwulenstrich. Gerät prompt in eine Razzia der Sittenpolizei und wird von einem Polizeipräsidenten verprügelt, der ein stadtbekannter Sadist ist und ihn fast totschlägt. Der arme schwule Kommissar pfeift auf dem letzten Loch. Der Polizeipräsident sieht das, ruft: »Nicht sterben! Pfeif nicht auf dem letzten Loch! Ich liebe Dich doch!« Die beiden umarmen sich und leben glücklich und zufrieden. Damit endet die Sache.

allgemeines betretenes Schweigen

LUCIA Schön, nicht?

ROSA Was sagen Sie dazu?

KOMMISSAR *nachdenklich* Hm! Mach weiter, mach weiter ...

ROSA Ja also, ich ging ins Kino, genau um halb sechs ... Und es war fast leer. Nur fünf oder sechs Pärchen, die sich verzweifelt abknutschten. Ich setzte mich auf meinen Platz, und wen sehe ich direkt vor mir? *Sie schaut den Kommissar erwartungsvoll an. Der zuckt resigniert mit den Schultern.* Katharina!

KOMMISSAR Der verkleidete Priester!

ROSA Jawohl, mein Herr! Der verkleidete Priester, der mit dem Kleinhirn knutscht ...

KOMMISSAR *lacht infantil* Er knutschte ... Mit dem Kleinhirn ... *plötzlich streng* Was soll das? Wer ist dieses Kleinhirn?

ROSA Wir nennen ihn so, weil er das zweite Gehirn der Organisation ist.

KOMMISSAR Der Kopf?!

ROSA Nein, der Hilfskopf ... Das Köpfchen!

Wir saßen also alle in diesem Kino und knutschten wie verrückt ... Ich war allein und knutschte also mit mir selber ... *Sie küßt sich den Unterarm ab.* In dem Augenblick kommt der Berater des Großen Alten herein, Arm in Arm mit zwei Spitzenpolitikern der Sozialisten ...

KOMMISSAR *verblüfft* Der Sozialisten? Das ist ja ein dickes Ding!

ROSA *besorgt* Zu dick?

KOMMISSAR *überlegen* Nein. Sprich ruhig weiter!

ROSA Der Berater des Großen Alten also, und brachte die neuesten Anweisungen.

KOMMISSAR Den Großen Alten gibt es also wirklich? Und wer ist das?

ROSA Nein, Herr Kommissar, tut mit leid, das sind Namen und Kreise, die stehen mir zu weit oben. Darüber spreche ich nicht.

KOMMISSAR Stell Dich nicht so an, nun red schon!

ROSA Ich stell mich nicht an! Unser Staatspräsident, den Sie genausogut kennen wie ich, hat vor ein paar Tagen im Fernsehen eine Rede gehalten ...

KOMMISSAR Ja ...

ROSA Eine Rede, die Sie bestimmt gehört haben ...

KOMMISSAR Wo er von den Wallfahrtsorten des Terrorismus gesprochen hat?

ROSA Ja, genau die. Und wenn unser Staatspräsident trotz aller seiner Informationen sich mit solch einer bescheidenen Andeutung begnügt: »Wir alle kennen die Wallfahrtskirche des internationalen Terrorismus ...« *Sie spricht mit hoher, verstellter Stimme.* Mit einer klaren Anspielung auf die Sowjetunion ... *Sie verstellt ihre Stimme noch mehr und spricht rascher* »Um ein Haar wäre der dritte Weltkrieg ausgebrochen« ... »In der sozialistischen und kommunistischen Partei haben sich gewisse Elemente eingeschlichen« ... *Sie steigert sich immer mehr in eine groteske, erhöhte Stimmlage hinein.* Wenn also dieser unser Präsident es nicht einmal wagt, die Dinge beim Namen zu nennen, dann wollen ausgerechnet Sie den Don Quichotte spielen und gegen Windmühlenflügel anrennen?

KOMMISSAR *ahmt spöttisch ihre überhöhte Stimmlage nach* Ja, das will ich ... *plötzlich hart und brutal* Mir reicht es! Reden Sie endlich weiter!

ROSA *ebenfalls aggressiv* Hören Sie, mich hat noch keiner einen Feigling genannt, Herr Kommissar! Ja, ich rede! *zum Beamten an der Schreibmaschine* Sind Sie auch bereit, zu schreiben? Ein letztes Mal? *zu dem anderen Beamten* Und sind Sie auch bereit, alles mitzuschneiden? Ein letztes Mal?

LUCIA Nein, Rosa, entschuldige, ich muß gehen. Gewisse Dinge will ich nicht hören. Tut mir leid, aber so jung mag ich noch nicht sterben! *geht ab*

ROSA Hau doch ab, Du feiges Flittchen, Du!

BEAMTER Verzeihung, Herr Kommissar, ich müßte jetzt auch gehen!

KOMMISSAR Gehen? Wohin?

BEAMTER Wenn Sie erlauben, Herr Kommissar, mein Dienst ist zu Ende! Außerdem ist meine Frau krank, und ich müßte sie ins Krankenhaus fahren ...

DER ZWEITE BEAMTE Ich auch, Herr Kommissar. Ich habe nämlich einen Abszeß am Backenzahn, hier, und müßte mir das Zahnfleisch aufschneiden lassen ...

KOMMISSAR Na wunderbar! Wißt Ihr, was Ihr seid? Eine Bande Feiglinge! Du hast keinen Abszeß am Backenzahn, sondern direkt am Arschloch! Ihr Hosenscheißer! Angsthasen!

BEIDE BEAMTE *im Chor. Während ihrer Worte gehen die beiden Beamten und Lucia einmal im Kreis um den Tisch herum. Nach und nach schließen ihnen sich sämtliche Möbel an. Dazu elegische Musik* Sie haben ja recht, Kommissar, aber Sie müssen verstehen. Für nichts und wieder nichts die Haut zu riskieren, einfach nur so, weil man zufällig ein paar Dinge zu erfahren bekommt, die man nicht wissen sollte ...

KOMMISSAR *gleichzeitig* Ihr Arschkriecher, Ihr! Geht doch, haut doch ab! Verschwindet! Alle! Auch die Möbel! *Die beiden Beamten und Lucia ab, gefolgt von den Möbeln.*

ROSA Hilfe! Herr Kommissar! *Sie ruft ihren Möbeln nach* Stehen bleiben! *wieder zum Kommissar* Alle meine Möbel hauen ab! Von ganz alleine! *ruft hinaus ins*

Treppenhaus Kommt sofort zurück! Heiliger Mandrake! Oh mein Gott!

KOMMISSAR *faßt sich mit der Hand ans Herz* Mir ist übel, Frau Minelli! Mein Herz!

ROSA Da, das haben Sie jetzt davon, daß Sie unbedingt den Don Quichotte spielen wollten ... *Sie läuft zur Wohnungstür und ruft hinaus.* Lucia! Rasch! Die Beamten! Kommt rasch wieder her! Der Kommissar hat einen Herzschlag! *Lucia und die zwei Beamten kommen zurück.*

LUCIA Was ist denn passiert?

ROSA *gleichzeitig* Geben Sie ihm ein Beruhigungsmittel. Ihm ist schlecht! *Die beiden Beamten und Lucia kümmern sich um den Kommissar.* Armer Herr Kommissar! Wie mir das leid tut!

Ein Beamter kommt hastig herein und schwingt mehrere Zeitungen. Die Möbel folgen ihm neugierig.

BEAMTER *aufgeregt* Da, sehen Sie einmal, die meisten Zeitungen haben Extraausgaben gebracht! Sachen gibt's, die gibt's gar nicht! *Alle interessieren sich plötzlich nur noch für die Zeitungen. Auch die Möbel bauen sich dicht hinter den Schauspielern auf. Agnelli kommt aus seinem Eisschrank hervor.*

DOPPELGÄNGER Geben Sie mir auch eine! *Der Beamte gibt ihm eine Zeitung.* Danke schön.

BEAMTER Heh! Das ist ja der Gefangene! Was macht der denn da drin im Eisschrank?

DOPPELGÄNGER Ich war nur ein bißchen an der frischen Luft! *liest aus der Zeitung* Hört Euch das an! Hier ist sogar ein Kommuniqué des Ministerrats, unterzeichnet von sämtlichen Ministern: »Im Falle Moro hat der Staat zum Austausch der Gefangenen NEIN gesagt! Diesmal gibt es nur eine Antwort: JA!«

ALLE Nein!!

DOPPELGÄNGER *lesend* Wir sind zu jedem Austausch bereit! Schluß mit der unnötigen Härte! Es braust ein Ruf wie Donnerhall: »Hosen runter!«

KOMMISSAR Nein!

DOPPELGÄNGER Ja! *Er liest weiter vor.* Um zu vermeiden, daß nach Freigabe der geforderten 32 Gefangenen von den Entführern Agnellis die Entlassung weiterer Gefangener gefordert wird, um den Austausch Agnellis scheitern zu lassen . . .

ALLE Häääh?

DOPPELGÄNGER *lesend* . . . hat der Ministerrat im Einverständnis mit den zuständigen Stellen des Staates beschlossen, sämtliche Gefangenen freizulassen, sofern sie rechtskräftig verurteilt worden sind.

ALLE Nein!!

DOPPELGÄNGER Ferner alle diejenigen, die zur Zeit in Untersuchungshaft sind!

ALLE Öööõh!!

DOPPELGÄNGER Da! Der Ministerpräsident! Eine Erklärung des Ministerpräsidenten: »Der Ministerpräsident erklärt, daß man der Erpressung nicht nachgegeben habe. Vielmehr sei die Räumung der Haftanstalten schon seit Jahren geplant gewesen.«

ALLE Hurra!

ROSA Hurra! Dann ist mein Antonio ebenfalls frei!

LUCIA Ja, alle sind frei!

KOMMISSAR Nein, unmöglich! Sind die denn wahnsinnig geworden?

DOPPELGÄNGER Hören Sie: »Ab sofort werden sämtliche Ermittlungen und Verfahren bezüglich terroristischer Straftaten eingestellt!« Sie können in Pension gehen. Gehen Sie!

KOMMISSAR Aber wieso? Warum wird eine Affäre von dieser Größenordnung einfach eingestellt? Die ganze Arbeit, die ich geleistet habe, die ganze Mühe! Alles für die Katz'? Das ist Beschiß! Diese Scheißpolitiker!

Die Möbel bewegen sich unruhig hin und her.

ROSA Sie haben recht, Herr Kommissar! Ich bin mit Ihnen einverstanden! Hundertprozentig! Bei Moro haben alle geschrien: »Festigkeit! Nicht nachgeben!« Und jetzt bei Agnelli? Welch eine Schande! Ein dreifacher Salto Mortale!

LUCIA Genau, ja, alle, die Hose in der Hand, und nichts wie ab!

DOPPELGÄNGER Ihr versteht gar nichts! Ihr könnt nichts verstehen, weil Ihr die Vorgeschichte nicht kennt!

CHOR Welche Vorgeschichte?

DOPPELGÄNGER Ich weiß nicht, ob Ihr Euch erinnert, vor etwa zehn Tagen erschien in sämtlichen Tageszeitungen ein Aufruf, der von fast allen führenden Politikern unterzeichnet war, die für die »harte Linie« plädieren. Das waren alle . . .

ROSA Ja, alle, alle . . .

DOPPELGÄNGER An die 32 waren es, ja! Und was sagten sie? »Macht endlich ein Ende! Wir sind es leid, als eine Horde mutiger Wortführer bezeichnet zu werden, deren Mut ein anderer mit seinem Leben bezahlen muß! Hiermit wollen wir beweisen, daß wir selber Mut besitzen und bereit sind, unser eigenes Leben einzusetzen. Deshalb bieten wir, jeder einzelne von uns, sich als Geisel der Terroristen an, im Austausch gegen Giovanni Agnelli!« Und dann fügten sie einen Satz hinzu, den ich für sehr wichtig halte: »Leider wissen wir aber auch, daß die Roten Brigaden seit jeher den Austausch von Gefangenen ablehnen. Wir bedauern dies außerordentlich.«

ROSA *gelangweilt* Wir haben den Aufruf gelesen . . . Was soll das?

DOPPELGÄNGER Nun ja, ich habe sie beim Wort genommen und 32 Briefe geschrieben. Jedem einen. Natürlich mit persönlicher Anrede, denn es sind ja alles meine Freunde. Ich habe geschrieben: »Lieber Freund, ich habe Dir eine Mitteilung zu machen, die Dich sehr glücklich machen wird. Die Roten Brigaden sind damit einverstanden, mich auszutauschen. Die Anführer der Terroristen beauftragen mich persönlich, aus der Gruppe der Unterzeichner des Manifests ›Ein Opfer für Agnelli‹ denjenigen auszuwählen, der es am meisten verdient und es Wert ist, an meiner Stelle hingerichtet zu werden! Meine Wahl ist auf Dich gefallen!«

ROSA Jetzt verstehe ich . . .

DOPPELGÄNGER Nein . . .

ROSA Jetzt verstehe ich, warum sie die Gefängnistore so weit aufreißen . . .

DOPPELGÄNGER Nein, nein, nicht deshalb . . .

ROSA Sie haben Angst ...

DOPPELGÄNGER Nein, nicht nur aus Angst. Der Hauptgrund ist der, daß sie mich gar nicht opfern können, weil ich die eigentliche Macht bin!

Allgemeine Verblüffung. Alle starren ihn an.

ROSA Wie bitte?

KOMMISSAR Was soll das!?

ROSA *gleichzeitig* Sie sind die Macht?

DOPPELGÄNGER Ich bin die Macht! Das sagt schon Karl Marx! »Die einzige wirkliche Macht ist die wirtschaftlich-finanzielle, das heißt, die Holdings, die Märkte, Banken, Waren ... Also das Kapital!«
Einer der Beamten geht unauffällig durch die Mitteltür ab. Und dann fügt er hinzu: »Auf dem Filigranpapier der Banknoten sind die heiligen Gesetze dieses Staates geschrieben ... Des finanziellen!« Und weiter sagt er: »Regierungen und Behörden sind nichts weiter als Hilfsmittel im Dienste der realen Macht des Geldes!« Folglich: Moro! Aldo Moro – es tut mir leid, daran erinnern zu müssen! – wurde geopfert, um das Ansehen und die Würde der wirklichen Macht zu retten, nicht für die politischen Hilfsmittel, nicht für den Staat und seine Behörden ... Um die sich sowieso niemand kümmert! Denkt immer daran: Der Staat bin ICH! Das Kapital, das ich repräsentiere, ist der Staat! Und da könnt Ihr doch nicht versuchen, die Würde des Staates zu retten, indem Ihr mich opfert. *Er lacht erheitert.* Wo ich der Staat selber bin ...

KOMMISSAR *als erwache er aus einem bösen Traum* Heh! Was redet der da?! Von wem spricht er? Ist er übergeschnappt? Was bildet er sich denn jetzt schon wieder ein, wer er ist?

DOPPELGÄNGER *bescheiden* Giovanni Agnelli persönlich. Präsident der FIAT! Lassen Sie sich bitte nicht täuschen von meinem Gesicht, das ist nur die Folge einer Operation ...

KOMMISSAR *erregt* Wenn Sie nicht sofort still sind, werden Sie von mir operiert ...

ROSA Ruhig, ganz ruhig, er ist wirklich Agnelli ...

DER BEAMTE *kommt wieder herein* Herr Kommissar! Auf dem Scheißhaus sitzt noch ein Antonio und sieht gespuckt genauso aus wie der hier!

ROSA Das ist mein Antonio! Der hier ist bloß der Agnelli.

Aus allen Möbeln kommen die Geheimagenten.

CHOR DER GEHEIMAGENTEN Ja, das können wir bestätigen, Herr Kommissar! Wir haben alle Gespräche mit angehört!

KOMMISSAR *deutet mit dem Finger auf die Geheimagenten* BND? BKA? MAD? VS? CIA? GASAG . . .?

GRUPPENFÜHRER DER GEHEIMAGENTEN Kein Zweifel, dieser Herr ist wirklich Giovanni Agnelli, dem wegen eines kleinen Irrtums versehentlich das Gesicht eines seiner Arbeiter übertragen worden ist. Er hat die Briefe an die Regierung geschrieben. Er hat sich als Gefangener der Terroristen ausgegeben und dieses ganze Chaos angerichtet!

Während der letzten Sätze ist Agnelli langsam die Möbel hinaufgestiegen, würdevoll, wie über eine Himmelsleiter. Der Kommissar folgt ihm nach, wie in Trance. Oben angekommen auf dem Schrank streckt Agnelli den Arm aus. Der Kommissar, weiter unten, streckt ebenfalls seinen Arm aus. Ihre Fingerspitzen berühren sich, wie auf dem berühmten Gemälde Michelangelos an der Decke der Sixtinischen Kapelle in Rom.

DOPPELGÄNGER Ich habe Dich erschaffen! Geh und wandele!

KOMMISSAR *bricht zornig in Tränen aus* Wollen Sie mich hereinlegen? Was interessiert mich das, ob er der Superstaat ist! Ich knalle ihn ab, diesen Staat! Kopfschuß! In den Sack schieße ich ihn, diesen Scheißstaat!

Großes Durcheinander. Alle versuchen, den Kommissar festzuhalten und blockieren ihn schließlich.

ALLE Halt! Nein! Er ist wahnsinnig geworden! Paßt auf, daß er keine Dummheiten macht! Haltet ihn fest!

Dem Kommissar gelingt es, eine Hand freizubekommen,

in der er eine Pistole hält, und zu schießen. In dem Augenblick tritt der Richter ein. Er geht an Krücken. Ein Schuß löst sich. Der Richter wird abermals getroffen. Er schreit laut auf.

RICHTER Jetzt hat er mir auch noch ins andere Bein geschossen! Das ist wirklich eine Unsitte!!

Er fällt zu Boden und bleibt ausgestreckt liegen.
Licht aus. Heftiger Musikeinsatz. Ende.

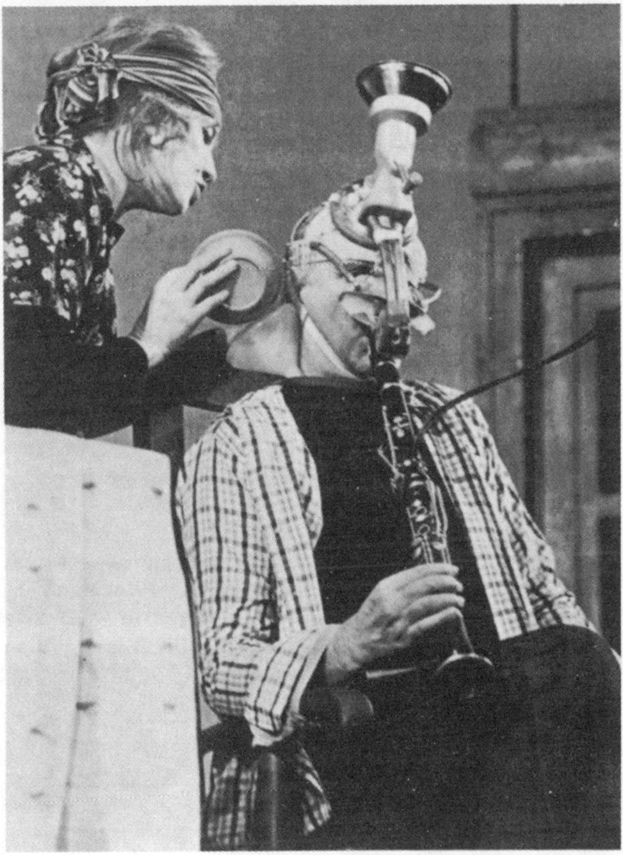

Bilder: Giornalfoto, Milano (S. 118); Roberto Micheli (S. 119 o); Fotochronache »Olympia«, Milano (S. 119 u).

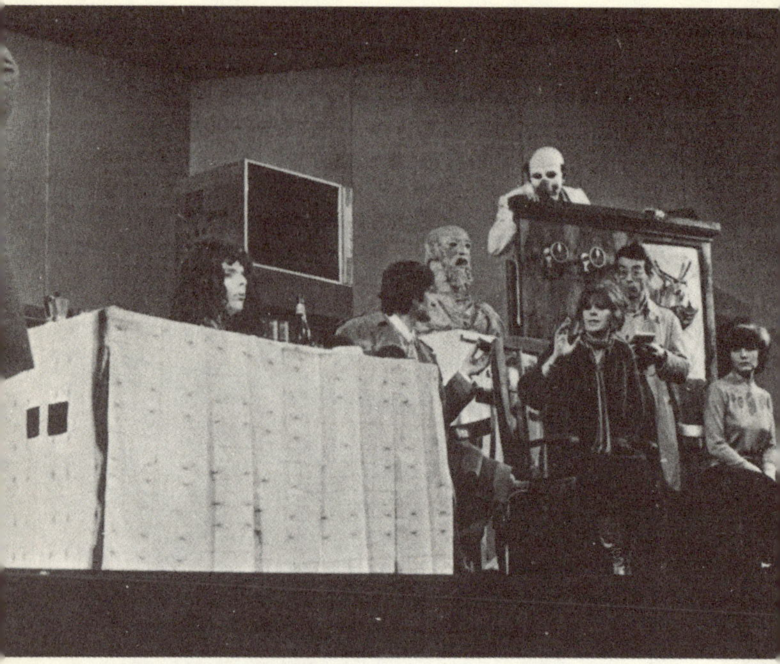

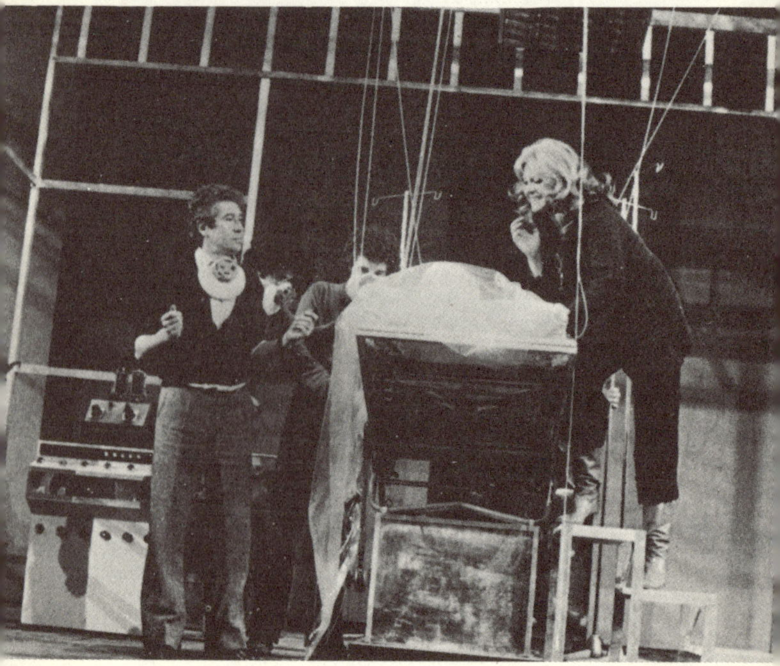

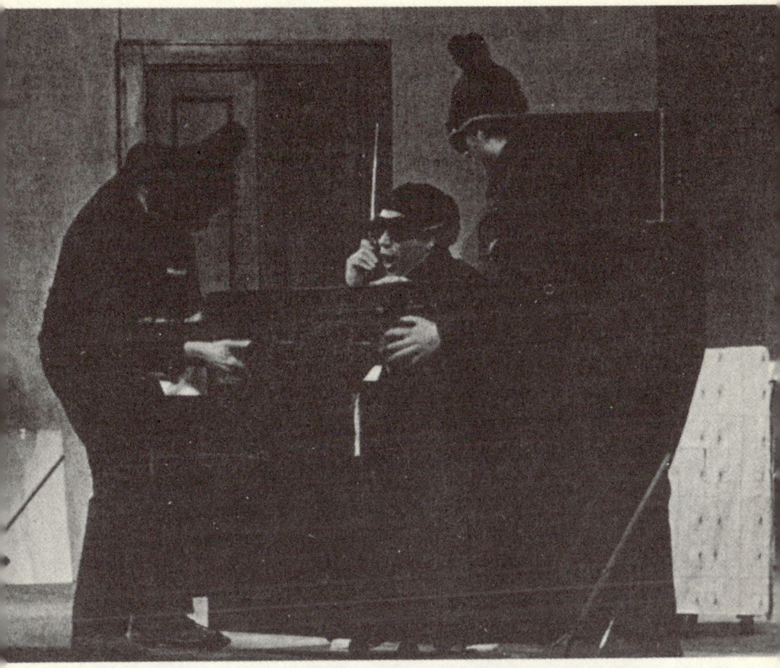

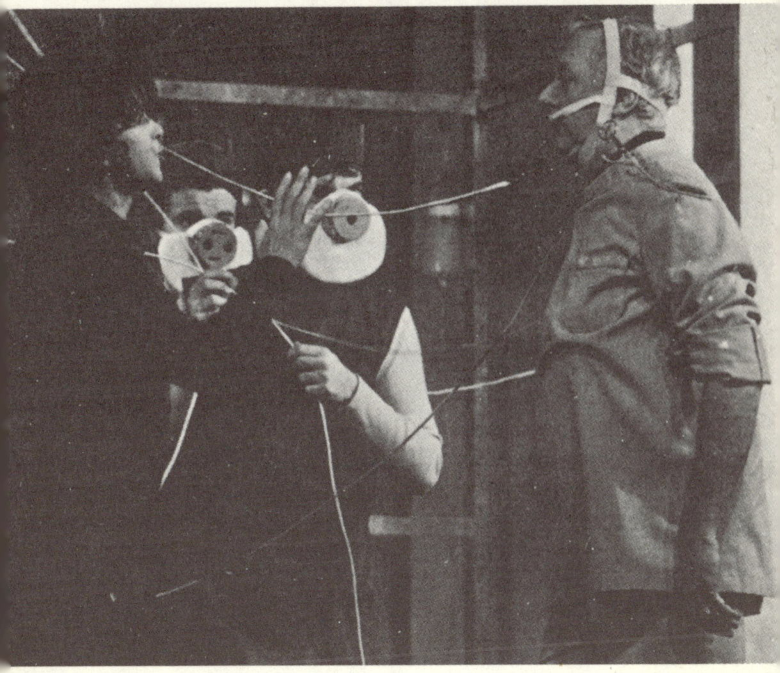

Die Angst des Politikers vor dem Lachen

Das hier vorliegende Theaterstück traf die italienische Politikerklasse und die ihr nahestehende Presse in einer prekären Situation. Fo hatte das vorausgesehen. In einem Epilog zu den Erschütterungen, die das Stück auslöste und die hier anhand einer Presseschau nachgestellt werden sollen, schreibt er mit Datum vom 26. Februar 1981: »Ich meinerseits war überzeugt, daß es den Reaktionären und vielen Leuten des Apparates mißfallen würde, aber ich konnte mir nicht vorstellen, daß sie sich derart erregen würden. Zu anderen Zeiten haben wir unsere Späße gemacht, und wir werden weiterhin unsere Späße treiben mit den Mitteln der Satire und der Groteske: Über die Päpste, siehe Woizinga,[1] und gegen die großen Prälaten, aber ich muß zugeben, daß sie, verglichen mit den Durchschnittspolitikern und einer hübschen Anzahl von Journalisten, richtige ›Herren‹ sind. Sie reagieren zwar hart, aber mit einem gewissen Stil. Ich hätte den Rat befolgen sollen, der von Maierhold stammt: ›Über einen Löwen darfst Du auch einmal spotten ... Er wird es Dir mit einem Lachen zurückgeben. Aber mach Dich nie über einen Politiker lustig. Sie sind wie die Affen. Wenn sie alleine sind, flüchten sie, aber wenn sie den *Löwen* hinter sich haben, der sie beschützt, kratzen sie dir die Augen aus.‹ Bekanntlich halfen Maierhold die guten Ratschläge nicht: Der Regisseur der Roten Armee wurde in einem Moskauer Gefängnis von Beria persönlich mit einer Kugel in den Kopf erschossen.«[2]
Dario Fo hatte seit 1978 den Plan, ein Theaterstück über Entführung und Tod des Präsidenten der christdemokratischen Partei Aldo Moro, der mehrfach italienischer Ministerpräsident und Außenminister gewesen war, zu schreiben. Es sollte seine erste Tragödie werden. Im August 1980 las er eines Nachts die ersten Seiten der »Agnelli-Entführung« vor. Das Stück hat seither zahlreiche Veränderungen erfahren. Ein Vergleich zwischen der Erstfassung vom November 1980, der Druckfassung vom Januar 1981, der

zweiten Druckfassung vom März 1981 und dem Tonbandmitschnitt, dem meine Übersetzung auf ausdrücklichen Wunsch Fos folgt, zeigt die intensive Arbeit an der Struktur und am Text der Komödie. Die Tendenz des Stückes blieb dabei immer die gleiche: Ich interpretiere es als eine Farce über die Art und Weise, wie politische Kräfte und Massenmedien mit dem Phänomen »bewaffneter Kampf« oder »Terrorismus« (wie immer man es nennen mag) nicht nur in Italien umgehen. Welches war nun die innenpolitische Situation, in der Fo eine der heiligsten Kühe unserer Tage (nämlich die sogenannte Sorge vor dem internationalen Terrorismus) dem Hohnlachen eines zahlreichen Publikums zwei Monate lang preisgab?

Als das Stück erstaufgeführt wurde, am Mittwoch, dem 14. Januar 1981, befand sich der Richter Giovanni D'Urso seit 31 Tagen in der Gewalt der Roten Brigaden. Ihre Forderung, an diesem Punkt absolut unbeugsam: Schließung des berüchtigten »Lagers« auf der Insel Asinara. Bereits am 4. Januar 1981 hatten die Roten Brigaden (BR) in einem Kommuniqué Nr. 8 mitgeteilt, der Prozeß gegen D'Urso sei abgeschlossen und der Richter zum Tode verurteilt. Über die Freilassungsbedingungen des Gefangenen sollten die Kampf-Komitees (comitati di lotta) der Superknäste in Trani und Palmi entscheiden. Ihre Entscheidung müsse über Presse und Fernsehen veröffentlicht werden.

Die allgemeine Hysterie war durch die Begleiterscheinungen der Entführung zusätzlich aufgeheizt. Einerseits die Nachrichtensperre, die in einmaliger Weise von nahezu sämtlichen Nachrichtenorganen eingehalten wurde; zum anderen Ereignisse in der pulischen Kleinstadt Trani, wo sich eines der menschenrechtswidrigen Spezialgefängnisse zur Verwahrung tatsächlicher und mutmaßlicher Terroristen befindet.

Bereits in ihrem ersten Kommuniqué nach der Entführung D'Ursos am 13. Dezember 1980 hatten die Roten Brigaden u. a. zwei Tagesparolen ausgegeben: ». . . die Befreiung der inhaftierten Gefangenen organisieren . . .« und ». . . Aufbau und Stärkung der Kampf-Komitees . . .« (in den Knästen – d. Verf.)[3]

Am 25. Dezember 1980 hatte Bettino Craxi, Sekretär der

Sozialisten, erklärt, die Asinara werde geschlossen. Die Schließung erfolgte später tatsächlich mit der obskuren Begründung, die Maßnahme folge nicht der terroristischen Erpressung, sondern sei seit langem geplant gewesen. Craxis Äußerung trug zur Unsicherheit bei. Die verordnete »Linie der Härte« (linea della fermezza; amtliche Bezeichnung für die offizielle Haltung gegenüber terroristischen Forderungen) zeigte Brüche bis hinauf ins Regierungsbündnis, dem die Sozialisten angehörten.
Am Sonntag, dem 28. Dezember 1980, explodierte in Trani die Gefängnisrevolte, die zugleich eine grundsätzliche Meinungsverschiedenheit auch im Lager der Gegenseite verdeutlichte; nämlich zwischen den Inhaftierten aus den Roten Brigaden und den NAP (nuclei armati proletari – bewaffnete proletarische Zellen) einerseits und gefangenen Anhängern der Autonomisten (in Trani saß zu diesem Zeitpunkt der Autonomist Antonio Negri ein!) andererseits. Während die gefangenen Autonomisten sich enthielten, nahmen 70 politische Gefangene 19 Justizbeamte als Geiseln.
Der italienische Staat reagierte mit ungeheurer Härte und holte die Geiseln in einer Blitzaktion heraus. Tags darauf stieg die Spannung abermals mit der Erschießung des Generals der Carabinieri Enrico Galvaligi durch die Roten Brigaden.
Wer die Ereignisse in der BRD 1977 nach Buback, Ponto, dem Raketenangriff auf die Bundesanwaltschaft in Karlsruhe und die Entführung und Ermordung Schleyers in Erinnerung hat, kann sich unschwer vorstellen, was solche Ereignisse für das innenpolitische Klima in einem Staat der NATO – die die Bekämpfung des Terrorismus in den Metropolen zu einer vorrangigen Aufgabe erklärt hat – bedeuten. In Italien kam und kommt hinzu, daß BR, NAP und andere linksextreme Gruppen der »Partei des bewaffneten Kampfes« weitaus häufiger und effektiver zuschlagen als in unseren Breiten – wohl auch weitaus kampfstärker sind als bei uns – und daß das Land die Entführung und Ermordung Moros nach wie vor traumatisch nacherlebt.
Wie würde die politische Ebene und wie die Massenmedien das Sakrileg beantworten, das Fo beging, als er das Thema

Terrorismus nicht in der Weise auf die Bühne brachte, wie es das »Monster« verlangte?[4]

Die veröffentlichten Reaktionen auf das Stück ließen drei Tage auf sich warten und stützten sich wie üblich nicht auf den Text der Komödie selber, sondern auf Ereignisse am Rande. Liest man die Presseberichte jenes Januar 1981, so entsteht der Eindruck, Fo habe sein Stück eigentlich nur wegen dieser marginalen Ereignisse verfaßt und gespielt. So beginnt die Stellungnahme des sozialdemokratischen Abgeordneten Luigi Preti: »Die Kundgebung zugunsten der Roten Brigaden, die Dario Fo und Franca Rame unter dem Vorwand einer Theateraufführung veranstaltet haben, stellt ein äußerst ernstzunehmendes Ereignis dar.«[5]

Das erste Ereignis spielte sich am 15. Januar ab. Dario Fo und Franca Rame laden ihr Publikum nach jeder Aufführung ein, sich zu dem Stück zu äußern, das sie gerade gespielt haben. Häufig stellen diese Diskussionen wichtige Anregungen für Änderungen und Verbesserungen der Texte dar, aber ebenso häufig erhalten einzelne oder Delegationen Gelegenheit, sich zu Fragen zu äußern und Informationen zu übermitteln, deren Verbreitung die Selbstzensur der italienischen Presse und Massenmedien verhindert. Ich habe Aufführungen erlebt, nach denen Delegationen besetzter Fabriken ihre Lage erläutert und Solidaritätssammlungen durchgeführt haben, und erinnere mich, daß einmal sogar für ein Dialysegerät für einen Jungen gesammelt wurde.

Am 15. Januar bat Franca Rame nach der Aufführung drei Frauen auf die Bühne, Angehörige politischer Gefangener, die gerade aus Trani zurückgekehrt waren. Diese Einladung war kein purer Zufall. Franca Rame, Fos Partnerin, Mitautorin und Frau, die in fast allen Stücken die wichtigste weibliche Rolle spielt, ist seit Jahren aktiv in der militanten Mailänder Roten Hilfe (soccorso rosso militante) und hatte sich gerade in den Wochen vor der Aufführung von »Hohn der Angst« erneut für eine menschenwürdige und rechtsstaatliche Behandlung der politischen Gefangenen in Italien eingesetzt – u. a. mit großen Unterschriftenaktionen, mit Schreiben an die Europäische Menschenrechtskommission und Amnesty International. Zum Teil haben diese Aktivitäten im letzten Winter sich auch in der deutschen Öffentlichkeit, so in der »Tageszeitung«, niedergeschlagen. In der bürgerlichen Presse Italiens hat Franca wegen dieser Gefangenenhilfsdienste schon seit Jahren den Spitznamen ›Die Soubrette der Roten Brigaden‹ – so der Titel einer großen Illustrierten vom Frühjahr 1978 mit eindrucksvollem Foto der berühmten Schauspielerin.

Die Umstände der Niederschlagung des Aufstandes von Trani und die Verbrechen, die seither an den Gefangenen von Trani verübt worden waren und von denen noch zu reden sein wird, sowie die absolute Nachrichtensperre über die Verhältnisse in Trani nach der Blitzaktion der Carabinieri waren ein weiterer aktueller Anlaß dafür, den drei Frauen das Wort zu erteilen. Der Text, den sie verlasen, war kurz. Ich drucke ihn hier zum Verständnis der anschließenden Ereignisse ungekürzt ab:

»Öffentlicher Appell der Familienangehörigen der Gefangenen im Supergefängnis von Trani – vorgelesen im Theater Cristallo. Wir haben die demokratischen Journalisten und Ärzte wiederholt gebeten, eine Kommission zu bilden, die im Supergefängnis in Trani tätig wird, wo die Gefangenen, jetzt nach der Revolte, das Eingreifen einer solchen Kommission erbitten, damit die Öffentlichkeit über die Zustände in diesem Gefängnis unterrichtet wird und die zahlreichen Verletzten behandelt werden können.

Die Asinara ist geschlossen, doch in Trani ist eine andere eröffnet worden. Es muß gesagt werden, daß die Asinara nicht wegen des überfälligen Eingreifens des Liberalen Costa, noch auf Wunsch der Regierung geschlossen worden ist, sondern wegen der Kämpfe der Gefangenen und auf Drängen ihrer Angehörigen, die sich, trotz des Vorhangs des Schweigens, der sich über die Zeitungen gesenkt hat, unter großen Anstrengungen um Gegeninformation bemüht haben, um die Übergriffe und die Verletzungen jeglicher Menschen- und Bürgerrechte, die in jenem Gefängnis begangen wurden bekanntzumachen.

Wir erneuern den Appell an die demokratischen Ärzte und Journalisten, die Kommission zu gründen, von der wir gesprochen haben, übernehmen jedoch schon jetzt, für den Fall, daß unsere Aufforderung unbeantwortet bleibt, die

Verpflichtung, uns weiterhin dafür einzusetzen, daß alle erfahren, was in der Asinara von Trani[6] passiert: Schläge, völliges Fehlen von Hygiene, Gefangene in großen Räumen zusammengepfercht, Unterernährung, auch Schwerverletzte sich selbst überlassen ohne Behandlung. Deshalb muß auch die Asinara von Trani, sei es mit oder ohne die Hilfe der demokratischen Ärzte und Journalisten, geschlossen werden.«

Die Verlesung hatte einen Aufschrei der Entrüstung quer durch die italienische Presse zur Folge, von links nach rechts, von den Faschisten zu den Kommunisten, und selbst in der Wortwahl unterschieden sich die beiden letzteren nicht. L'Unità, die Parteizeitung der KPI, eröffnet ihre diffamatorische Kampagne am 18. 1. mit einem offenen Brief an Fo von Milli Martinelli, in dem es heißt:

»Du beginnst die Aufführung mit empörenden Äußerungen über den Leichengestank, der von denjenigen ausgeht, die sich den Forderungen der Terroristen mit Entschlossenheit entgegenstellen. Abgesehen von dieser Art der Gewalttätigkeit, die Du mit Deinen apodiktischen Bemerkungen gegen ein gewiß demokratisches Publikum ausübst, das freiwillig gekommen ist, um eine Theateraufführung zu sehen, hat mich vor allem der Schluß, den Du ihm dargeboten hast, wirklich entsetzt. Es war der erbärmlichste Handstreich, den ich je erlebt habe.«

Der faschistische Il Secolo D'Italia vom gleichen Tag fragt:

»Aber ist es erlaubt und straffrei, sich eines Theaters zu bedienen und den Lautsprechern des Terrorismus eine Tribüne und ein Publikum zu überlassen, das – trotz der Komödien von Dario Fo – derartigen Schmähungen nicht völlig zustimmen dürfte?«

Sämtliche Presseerzeugnisse, die mir bekannt sind, und das sind einige Dutzend, beginnen ihre Kampagne gegen Rame und Fo mit einer Fälschung. Sie geben lediglich zwei Sätze des Appells der Angehörigen wieder und ändern diese so, daß eine öffentliche Aufforderung zur Begehung von Straf- und Gewalttaten daraus wird. Dadurch hat der Fall fatale Parallelen zu den Folgen des Buback-Nachrufs. Der ›angesehene‹ Corriere della Sera zitiert: »Wir werden die zweite Asinara in Trani mit oder ohne die Hilfe der demokratischen Ärzte und Journalisten schließen.« Der kommunistische Paese Sera: »Auch ohne die Hilfe demokratischer Journalisten und Methoden werden wir die zweite Asinara in Trani schließen.« So schlecht der Appell formuliert war, die italienischen Massenmedien schaffen das Unmögliche: Sie lesen die Behauptung heraus, die Angehörigen hätten die Gründung einer terroristischen Vereinigung zur Befreiung ihrer Angehörigen mit strafbaren Mitteln verkündet und Fo und Rame hätten ihnen für diese Erklärung die Bühne zur Verfügung gestellt.

Die zweite Formulierung, die sich in fast allen Presseerzeugnissen fand, war der Hinweis der Verwandten, nicht aus freier Entscheidung habe die Regierung die Asinara geschlossen, sondern der Kampf der Gefangenen und das Drängen ihrer Angehörigen habe zu der Schließung geführt. In der gesamten Berichterstattung fehlt das Drängen der Angehörigen.

Diese Auslassung ist entscheidend. Sie reduziert den Text auf die Behauptung, die aufständischen Gefangenen von Trani, denen die BR allerdings tatsächlich die Entscheidung über die Freilassung D'Ursos zugeschoben hatten, hätten die Schließung der Asinara bewirkt. Für die in Trani inhaftierten Politischen bedeutete diese Interpretation de facto, daß in der Folge massenhaft Strafverfahren wegen Mittäterschaft an der Entführung D'Ursos gegen sie eingeleitet wurden. Für Fo/Rame bedeutete es, daß man ihnen eine Aufforderung zu Gefängnisrevolten unterschob.

Einig war sich die italienische Presse auch darin, daß man die armen Zuschauer im Theater Cristallo bedauern und freisprechen müsse. Da hatte der Corriere della Sera gesehen, wie Zuschauer den Saal »wütend« verließen. Paese Sera beobachtete »Schweigen und Unbehagen im Parkett. Ein großer Teil der Zuschauer steht auf und verläßt den Saal.«

An sich hätte die bürgerliche Presse einschließlich der Kommunisten den Sympathisanten des Terrorismus auf der Bühne wohlgesonnen sein müssen. Am selben 15. Januar, an dem »Hohn der Angst« aufgeführt wurde, hatten nämlich die BR den Richter D'Urso endlich freigelassen, obwohl ihre Forderung nach Veröffentlichung praktisch nur von zwei überregionalen Zeitungen erfüllt worden war, vom Messaggero und vom Secolo XIX. Diese Zeitung erwähnte diese Tatsache zwar, machte daraus aber den Satz: »Es war der Tag der Beendigung des Falles D'Urso und das Publikum zeigte, daß es die Provokation nicht hinnehmen wollte ...: Auf etwas Applaus folgte eine rasche und beredte Leerung des Saales ...«[7]

Wären nicht die gleichlautenden Entstellungen in den Zitaten aus dem Appell der Angehörigen und hätten nicht alle Zeitungsreporter Italiens ausgerechnet in der zweiten Aufführung die gleiche nicht den Tatsachen entsprechende Beobachtung gemacht, daß nämlich der überwiegende Teil des Publikums indigniert bis empört den Saal verlassen habe – man könnte meinen, die Presse habe auf das Ereignis im Kino-Theater Cristallo in Mailand geradezu gewartet; aber das war natürlich nicht der Fall.

Den Ruf nach dem Kadi erhob als erster der sozialdemokratische Parlamentsabgeordnete Luigi Preti, Vizepräsident des römischen Abgeordnetenhauses, vielfach Minister in Regierungen der linken Mitte. In seiner oben zitierten Äußerung auf einer Kundgebung in Bologna am 17. Januar heißt es: »Die Justiz hat zu prüfen, ob die Tatbestandsmerkmale einer strafbaren Handlung vorliegen.«[8]

Seine Anregung wurde von zahlreichen Zeitungen wiedergegeben. Weiterhin unter den Teppich gekehrt blieben dagegen die Vorfälle und Zustände im »Lager« von Trani. Eine rühmliche Ausnahme bildete Il Manifesto mit einer ausführlichen Reportage von Laura Grimaldi am 29. Januar 1981.

Grimaldi berichtet von überfüllten Sälen ohne Toiletten, so daß die Gefangenen ihre Fäkalien aus dem Fenster werfen müssen. Von Verletzten, die nicht behandelt werden und deren Zustand sich verschlimmert. Davon, daß man den Gefangenen alles weggenommen hat: Schreibutensilien und Papier, damit sie sich nicht beschweren können, Bücher und Kleidung. Daß die Gefangenen frieren, da sie keine Decken und keine warmen Anziehsachen haben. Davon, daß man sie hungern läßt; sie erhalten nur eine Mahlzeit am Tag und diese ist ungenießbar. Davon, daß sie von den Wärtern geschlagen werden, daß sie keine Eßpakete erhalten dürfen

und man ihnen das Einkaufsgeld weggenommen hat.
Sie berichtet von den Schikanen, denen die Angehörigen ausgesetzt sind, wenn sie Gefangene besuchen wollen, und von den Willkürakten, die diese Besuche begleiten. Von den verzweifelten Bemühungen der Angehörigen, die Öffentlichkeit von den haarsträubenden Zuständen in Trani zu unterrichten. Ein Reporter, Federico Pirro, von der überregionalen La Repubblica wird Zeuge, wie Angehörige aus Wäschepaketen Kleidungsstücke holen, die mit Blut durchtränkt sind. Als einzige bürgerliche Tageszeitung publiziert daraufhin die Repubblica einen einigermaßen korrekten Bericht über Trani.
In einem Brief an L'Unità begründet Fo das Auftreten der drei Frauen mit der allgemeinen Nachrichtensperre über Trani. Er beschreibt, wie Mütter bis hinein in die Vagina durchsucht werden, obwohl sie ihre Söhne anschließend nur durch Trennscheibe sehen und Gegensprechanlage sprechen können. L'Unità antwortet ihm zynisch, man habe Verständnis dafür, wenn die Mütter sich über die unmenschlichen Haftbedingungen ihrer Söhne erregten. Fo habe kein Recht dazu.[9]
Raum zur Gegendarstellung gibt Il Manifesto, das Fo mit den Worten zitiert:
»Die Angehörigen der Gefangenen haben ja nicht gesagt, daß sie anfangen werden zu schießen. Sie haben gesagt, daß sie anfangen werden und bereits angefangen haben, für ihre Ziele zu kämpfen; eine gewaltlose Aktion. Sie machen bereits ein sit-in vor dem Gefängnis in Trani. Sie werden die Öffentlichkeit mobilisieren, politische Kampagnen beginnen.«[10]
Am 20. Januar meldet Il Giornale, daß gegen Fo/Rame Strafanzeige erstattet worden sei; man wisse nicht, ob von privater Seite oder durch den Geheimdienst DIGOS. Zugleich treten zwei Mailänder Abgeordnete auf, die es mit der Wahrheit noch weniger genau nehmen. »Was am schwersten wiegt«, meint der Abgeordnete Hasdà, »ist die Ausnutzung einer öffentlichen Aufführung (die zudem von zweifelhaftem Geschmack ist), um Aktionen zu propagieren wie die Schließung des Gefängnisses von Trani, was zudem mit Mitteln außerhalb der Legalität erreicht werden

soll, die in besorgniserregender Weise denen ähneln, die die Roten Brigaden propagieren.«
Es ist eines der wenigen Zitate, das durchschimmern läßt, daß der ganze Wirbel sich eigentlich um eine »Aufführung von zweifelhaftem Geschmack« dreht. Hasdà und sein Kollege benutzen die Gelegenheit im übrigen, von der Theatergruppe Rame/Fo endlich die Rückgabe der widerrechtlich besetzten Palazzina Liberty zu verlangen. Die Palazzina Liberty ist ein hübsches Jugendstil-Häuschen mitten in Mailand, in dem viele Fo-Stücke gelaufen sind. Irgendwann bekam die Theatergruppe von einem zuständigen Stadtrat eigenhändig die Schlüssel ausgehändigt, und dann gab es plötzlich ein Gerichtsurteil, das von widerrechtlicher Besetzung sprach.
»Offensichtlich«, verlautbart der Abgeordnete Hasdà, »ist Dario Fo es nicht gewöhnt, sich mit Problemen der Legalität zu beschäftigen, wie die völlig rechtswidrige und nunmehr seit vielen Jahren andauernde Besetzung der Palazzina Liberty durch ihn zeigt.«[11]

Das zweite Ereignis am Rande der Aufführung beschäftigte nicht nur die Presse, sondern zog seine Kreise bis hinauf in die höchsten politischen Gremien des Staates. Paese Sera hatte bereits am 17. 1. 1981 gemeldet: »Doch schon eingangs hatte eine besondere Einführung von Dario Fo zur Aufführung im Publikum ein Klima des Mißbehagens erzeugt. Der Schauspieler hatte eine Art improvisierter Kundgebung veranstaltet, in der er sich über die Partei der Festigkeit[12] beschwerte, die er die ›Partei des Todes‹ nannte, und die Entscheidung jener Zeitungen geißelte, die sich während der Affäre D'Urso für den black-out (d.h. für die Nachrichtensperre, d. Verf.) entschieden hatten.«
Paese Sera belog auch hier seine Leser. Die Zeitung weiß so gut wie jeder in Italien, daß Fo seine Aufführungen immer mit längeren Ausführungen über das jeweilige Stück einleitet, wobei er stets auch auf aktuelle politische Bezüge hinweist. Im Fall »Hohn der Angst« enthält sowohl die Vorrede als auch der Text des Stückes Hinweise auf einen republikanischen Senator namens Leo Valiani.

Valiani steht in engem Zusammenhang mit dem Thema des Stücks. Als Autor des Corriere della Sera gehört Valiani zu den Leuten, die sich regelmäßig mit den Vorschlägen für staatliche Repressionsmaßnahmen zur Bekämpfung des Terrorismus hervortun. Dazu Fo: »Die Feder Nummer eins des Corriere schreibt oftmals wie eine Mistgabel.«
In seiner Vorrede, die ich hier nicht abdrucke, weil ihr Text sich jeden Abend ändert, zieht Fo einen symptomatischen Vorfall heran. Als die Neofaschisten forderten, die Regierung müsse den »Kriegszustand« ausrufen (was bedeuten würde: Sondergerichte, standrechtliche Hinrichtungen, Ausgangssperre, Militärgesetze etc. . . .), schrieb er (Valiani, d. Verf.), daß er persönlich mit dem »Kriegszustand« einverstanden wäre, doch dürfe man diesen nicht ausdrücklich erklären, um den Tourismus nicht zu beeinträchtigen.[13]
Von Valiani stammt im übrigen auch die in das Stück eingebaute Äußerung: »Der Staat muß seine Stärke zeigen, indem er einen so bedeutenden Bürger opfert.«[14] 1979 war als Opfer der christdemokratische Parteipräsident Aldo Moro gemeint. Und natürlich hatte Valiani nach dem Auftritt der drei Frauen von Trani in einem Artikel im Corriere della Sera Rame und Fo auch beschuldigt, mit den Terroristen zu »sympathisieren«.[15] In etlichen seiner Vorreden bezeichnete Fo den Corriere della Sera daraufhin als »Corriere della vendetta« (Kurier der Rache), was ihm sicher nicht die Sympathien des Blattes eingetragen hat.
Die Auseinandersetzung mit dem einflußreichen Senator erhielt Mitte Januar 1981, als das Stück uraufgeführt wurde, zusätzliche Brisanz. Im römischen Senat, der zweiten, voll legislativen Kammer des italienischen Parlaments, stand am 23. 1. 1981 die Verlängerung des Dekrets über die polizeiliche Festnahme (fermo di polizia) auf der Tagesordnung. Das Dekret, dessen Verlängerung erwartungsgemäß beschlossen wurde, ist eine von mehreren Maßnahmen zur Bekämpfung des Terrorismus. Paese Sera zur Rolle Valianis:
»Der Senator auf Lebenszeit Valiani hat sich bekanntlich durch die Festigkeit ausgezeichnet, mit der er den Staat auffordert, die terroristische Offensive abzuwehren.«[16]
Il Tempo dazu: »Der Ehrenwerte Rognoni sprach seinen

besonderen Dank dem Senator Valiani aus, der maßgeblich die Bedeutung der anstehenden Maßnahme hervorgehoben habe (zustimmender Beifall der Mehrheit).«[17]

Dario hat in seinem erwähnten Epilog zu den Ereignissen[18] in der ihm eigenen Weise Valiani aufs Korn genommen: »Wie Ihr alle wißt, gibt es in Italien eine vorsorgliche Inhaftierung und diese, ›in Erwartung des Urteils‹ (carcerazione preventiva in attesa di giuduzio), ist die längste der Welt. Das heißt, ein italienischer Bürger kann bis zur Beendigung seines Ermittlungsverfahrens und bis zur Anklageerhebung zwölf Jahre im Gefängnis sitzen. Dann kann der Richter zu ihm sagen: ›Verzeihen Sie, wir haben uns geirrt . . . das kann jedem passieren! Regen Sie sich nicht auf!‹.

Nun gut, unser Valiani hat in einem Artikel ebenfalls im ›Corriere‹ erklärt, zwölf Jahre Haft in Erwartung eines Gerichtsverfahrens seien keine übermäßige Inhaftierung! Was kümmert es ihn, er ist unsterblich! . . . Schauen wir einmal, vielleicht hat er recht: Zum ersten, ein Junge, der mit 18 Jahren ins Gefängnis kommt . . . mit 30 kommt er wieder raus. Das ist nicht schlecht! Unreif geht er rein, reif kommt er wieder raus . . . überreif . . . fast schon verfault. Und er genießt unerwartete Vorteile. Vor allem entgeht er dem Militärdienst. Alsdann vermeidet er die Nöte und Sorgen, die jeden Jugendlichen ergreifen, wenn er eine eindeutige und endgültige Entscheidung über seinen zukünftigen Lebensweg treffen muß: ›Was für einen Beruf soll ich lernen? Und wenn ich mich falsch entscheide? Wenn mein Abgangszeugnis nur ein wertloses Stück Papier ist? Und wenn ich dann keine Arbeit finde? Wie wird mein Leben sein? Welche Chancen bietet mir die Zukunft?‹

Nein, im Gefängnis besteht keine Gefahr, daß jemand unter diesen Sorgen leidet. Da sorgt für Dich der Staat. In Zukunft führst Du das Leben eines Gefangenen! Sei unbesorgt! Du lernst etwas, reist herum, lernst die Welt kennen. Im Gefängnis bleibst Du nicht etwa immer am gleichen Ort. Nein, einmal die Woche verschuben sie Dich, ohne Vorankündigung, von einem Punkt Italiens zum anderen . . . Du kommst auf exotische Inseln, wo sonst nur reiche und

ausgefallene Leute hinkommen! Du erlebst ein Abenteuer nach dem anderen.
In unseren Gefängnissen explodieren jede Menge Revolten, und nach jeder Revolte werden alle schön zusammengeschlagen. Wenn Du an der Revolte teilgenommen hast, verprügeln Dich die Gefängniswärter, und andersherum, wenn Du nicht teilgenommen hast, verprügeln Dich Deine Mitgefangenen, weil Du ein dreckiger Verräter bist. Das heißt, Du kannst frei wählen ... von wem Du Dich verhauen lassen willst.
In so einem Klima vergehen die Jahre wie im Flug, wenn Du Dich nicht vorher aufhängst. Aber Valiani sagt, das wäre nicht übertrieben. Valiani ist ein alter, geduldiger Weiser ... was sind für ihn zwölf Jahre? Er steht unter dem Schutz von Di Bella, dem Direktor des ›Corriere‹, auch so ein funkelnder Geist.
Di Bella ist berühmt wegen seines genialen Vorschlags zur Überwindung der Krise: ›Macht Schluß mit diesen furchtsamen, unentschlossenen und abgeschlafften Ministern. Bilden wir eine Regierung aus Leuten, die beweisen können, daß sie über männliche Attribute verfügen.‹ Es ist also kein Problem der Ehrlichkeit, des Verantwortungsbewußtseins und der politischen Intelligenz ... Für Di Bella zählt nur die Größe der Hoden und des darüberliegenden Organs. Falls unser Staatspräsident die nächste Regierung unter diesem Gesichtspunkt bilden wollte, müßte er die vorgeschlagenen Minister auffordern, die Hosen runterzulassen und in einer Reihe anzutreten: ›Du hast hervorragende Attribute ... nein, Du bist zu mickrig ... Du gehst grade so, aber es reicht nicht ganz, Du kommst bei der nächsten Beratung noch einmal dran.‹
Und bei der Vereidigung ... alle hängen ihre Attribute in den Wind, gestützt auf das Lesepult, auf dem der Text der Verfassung liegt.«[19]
Ich habe Fos Exkurs über den Senator Valiani und seinen Protektor, den Direktor des mächtigen Corriere della Sera, so ausführlich zitiert, weil er einen guten Einblick in die Art und Weise gibt, in der Fo die berühmt-berüchtigten Vor-, Nach- und Zwischenreden zu seinen Theateraufführungen zu halten pflegt. Er ist in diesen meist ex tempore gehaltenen

Reden, die er zudem schauspielerisch unterstützt, gewiß nicht immer subtil und höflich. Er ist oft unehrerbietig und grob, wie es die Art der Schalksnarren ist.

Diese seine Art ist seit langem bekannt, und die Zahl der satirisch oft grotesk übertriebenen und ausgemalten Angriffe gegen »alle großen Prälaten« des öffentlichen Lebens ist Legion und nicht überprüfbar, da seine Reden fast nie aufgezeichnet werden.

In einem Interview (Il Lavoro vom 25. 1. 1981) bekennt Fo sich ausdrücklich auch zu sogenannten Entgleisungen: »Wenn eine Pointe ins Ziel trifft, hat sie immer einen schlechten Geschmack. Tut mir leid für Valiani, daß ich die Äußerung über ihn für eine der gelungensten halte: Die Zuschauer lachen pünktlich und manchmal applaudieren sie sogar. Was zeigt, daß die Pointe etwas taugt.«

Wie lautete nun aber die Äußerung über Valiani, die Fo hier anspricht und die den großen Wirbel auf höchster Ebene auslöste?

Senator auf Lebenszeit (und das ist Valiani) heißt auf italienisch: »Senatore a vita«. Unter Anspielung auf diese Bezeichnung und das bekannte, mörderische Gedankengut des Senators hatte Fo ihn am 15. 1. 1981 als »senatore a morte« bezeichnet. Das konnte vieles bedeuten: Senator bis zum Tode (und tatsächlich ist ja auch ein Senator auf Lebenszeit nur solange Senator, bis er stirbt), aber auch Senator, dem man den Tod wünscht, und schließlich wohl auch »Todessenator«.

Wie auch immer, ausgerechnet der Fraktionsvorsitzende der Kommunisten im römischen Senat, Edoardo Perna, griff die Redewendung in der Senatsdebatte über den »fermo die polizia« vehement auf und bezeichnete sie als »beleidigende und verächtliche Diffamationskampagne von faschistischer Machart«. Senatspräsident Amintore Fanfani, selbst den Faschisten näherstehend als seiner eigenen christdemokratischen Partei, und mehrere angesehene Senatoren schlossen sich dem kommunistischen Verdikt über Fo an, das ihn nun mit den Faschisten in einen Topf werfen sollte. Glaubt man der Presse, so begnügte Perna sich nicht damit, Fo »verbale Gewalttätigkeiten« vorzuwerfen, »die der verwesten faschistischen Subkultur angehören«.[20]

»Es ist ferner bekannt geworden, daß Perna die Regierung aufgefordert hat, sich dafür einzusetzen, daß aus dem Schauspiel, das Dario Fo seit einigen Tagen in Mailand aufführt, der Teil gestrichen wird, der mit einer Reihe von Beleidigungen gegen den Senator auf Lebenszeit beginnt. Der gleiche Antrag wurde vom Fraktionsvorsitzenden der Republikaner, Gualtieri, gestellt.«[21]

Nun forderten also schon drei einflußreiche Spitzenpolitiker – der sozialdemokratische Vizepräsident des Abgeordnetenhauses Luigi Preti, der kommunistische Fraktionsvorsitzende im Senat Edoardo Perna und der republikanische Fraktionsvorsitzende im Senat Gualtieri – ein zumindest teilweises Verbot der Aufführungen von »Hohn der Angst«.

Es nutzte Fo wenig, daß er zwei Richtigstellungen anbrachte, die im übrigen von den großen Presseerzeugnissen durchweg ignoriert wurden. Der kleine, linke Il Lavoro druckte Fos Äußerung, daß er die Bezeichnung »senatore a morte« nicht selber erfunden habe, was auch vom Kritiker des Corriere bestätigt werde, und daß der Ausdruck in den Redaktionsräumen des Corriere üblich sei, wo man ihn vermutlich auch erfunden habe. In einem Brief an die kommunistische Unità verwies Fo zudem darauf, daß Franca Rame vor wenigen Jahren von Faschisten entführt und schwer gefoltert worden war.

Die Äußerungen der Senatoren brachten die Kolleginnen und Kollegen von der Presse erst richtig auf Trab. Durch die Senatserregung, die infolge einer Anfrage des radikalen Abgeordneten Cicciomessere sofort auch die erste Kammer des italienischen Parlaments erreichte, hatte die Pressekampagne gegen Rame/Fo und ihr neues Stück den Charakter eines gewissermaßen von höchster Stelle gebilligten Verbalpogroms angenommen.

Es würde zu weit führen, hier die neue Stufe der Auseinandersetzung abermals mit Zitaten zu belegen. Der Hinweis reicht, daß nunmehr überhaupt niemand mehr sagen mochte (wir befinden uns inzwischen Ende Januar, Anfang Februar 1981), was eigentlich vorgefallen war, so daß sich in der gesamten Presse die Sprachregelung durchsetzen konnte, nicht die drei Frauen hätten den Appell vorgelesen,

sondern »Fo und Rame haben einen Appell zugunsten der Gefangenen von Trani lanciert«.[22]
Bei dieser allerhöchstselbigen Rückendeckung, die auch ein Corriere della Sera braucht, wenn er zwei so populäre Leute wie Rame und Fo herunterputzen will, war es nun auch möglich, endlich wieder einmal auf die verhängnisvolle und kriminelle Rolle hinzuweisen, die die Mailänder Rote Hilfe angeblich spielt. Am 17. Februar 1981 erschien im Corriere della Sera ein ellenlanger Hintergrundbericht über die Rote Hilfe, Franca Rame und ihr Verhältnis zur Illegalität. In diesem unentwirrbaren Brei aus Halbwahrheiten und Verdächtigungen erscheint Franca Rame als der weibliche »Carlos« des legalen Hinterlands der internationalen Terrorszene – gewissermaßen die Demeter der menschenverachtenden Gewalt.
»Die Rote Hilfe ist zu einer Art Organisations-Skorpion geworden. Sie ist überall. Mit ihren Fühlern erreicht sie sämtliche subversiven Höhlen Europas und Vorderasiens. Franca ist eine Art Königin der Nacht, die alles beherrscht und befehligt. Sie organisiert die ETA, die RAF, die PLO, die IRA und natürlich auch die Roten Brigaden.«[23]
Bereits am 21. Januar 1981 hatte die Zeitung Il Tirreno dekretiert:
»Die Schauspielerin Franca Rame unterstützt, mehr noch als ihr Ehemann Dario Fo, mit großem Schwung die Sache der Inhaftierten. In ihrer Großzügigkeit schreibt sie einen Brief an Amnesty International, in dem sie unter anderem feststellt: ›Wie kann der italienische Staat beanspruchen, die Plage des Terrorismus zu heilen, wenn er selber ein krimineller Terrorist ist und als erster die elementaren Menschenrechte verletzt?‹«
Die Zeitung fährt fort: »So wie sie spricht und schreibt, folgt sie, vielleicht ohne zu wissen, dem Vorbild der europäischen, anarchistisch-terroristischen Literatur und Ideologie.« Und: »Franca Rame mag die klassischen Texte des europäischen Terrorismus nicht gelesen haben; sie scheint in dieselbe Falle gegangen zu sein.«
Nicht nur gefährliche politische Sympathisanten, diese Familie Fo: Offenbar unbelesen noch dazu!
Wie wenig die von politischen Kräften und Massenmedien

angezettelte und durchgeführte Kampagne brachte, mußte ausgerechnet das nicht gerade fortschrittliche Il Giornale D'Italia offenbaren, indem es Fo selber zitierte:
›Die Politiker haben in ihrer Torheit eine enorme Neugier auf mein Stück erzeugt. Wir sind eine Woche im voraus ausverkauft‹, bestätigt Dario Fo, den wir anriefen.«[24]
Im Il Manifesto vom 25. 1. 1981 fragt Fo: »Wie läuft das Stück?« Fo antwortet: »Wir haben begonnen, im Cristallo zu spielen, ein Theater, das wir völlig neu hergerichtet haben, und das nur 1500 Sitzplätze hat, vorsichtshalber, weil wir höchstens einen Monat lang spielen wollten. Stattdessen sind wir ständig ausverkauft . . .« – »Warum?« – »Weil die Menschen das Bedürfnis haben, über dieses schreckliche Tabu zu sprechen, das der Terrorismus ist. Er ist wie das schlechte Böse, über das man niemals reden darf.«
Statt einen Monat lief »Hohn der Angst« alleine in Mailand ca. sieben Wochen und war fast immer ausverkauft; stets gut besucht. Zwei ebenso gut besuchte, je vierzehntägige Gastspiele in Turin und Florenz schlossen sich an. Anschließend mußten die Aufführungen wegen Gastspielverpflichtungen Fos abgebrochen werden. Ob das Stück im Herbst wieder aufgenommen wird, soll die politische Situation ergeben. Möglicherweise hat Fo dann aber schon ein neues Stück geschrieben.
Ein Wort zum Schluß: Ich erwarte nicht, daß das Stück in Westdeutschland und Westberlin ähnliche Erschütterungen auslöst wie in Italien.
Kein Stadt- oder Staatstheater wird es sich leisten, durch giftige Vorreden die aktuellen Bezüge des Stückes aufzuzeigen, und das subventionierte Privattheater wird es wohl auch nicht tun aus Angst um die kleinen Pfründe.
Undenkbar in Deutschland, daß die Hauptdarstellerin des Stücks zugleich die umstrittene Symbolfigur der militanten Roten Hilfe einer westdeutschen Großstadt ist – sie säße wegen Unterstützung einer terroristischen Vereinigung schon in Isolationshaft. Undenkbar auch, daß beide Hauptdarsteller ihr Engagement aufrechterhalten könnten, wenn die gesamte westdeutsche Presse sie der offenen Unterstützung des Terrorismus verdächtigte.

Kaum ein westdeutsches Theater würde seine Bühne nach der Abendvorstellung einem Appell der Angehörigen der politischen Gefangenen in der BRD öffnen. Kaum ein westdeutsches Theater könnte nach einer Aufführung politische Debatten, Unterschriftenaktionen und Spendenaufrufe zulassen, wie sie im Hause Fo/Rame an der Tagesordnung sind.

Genug der Beispiele. Was ich sagen will: »Hohn der Angst« steht in einem Kontext politisch-kultureller Arbeit von Rame und Fo, die in Deutschland kaum ein Theater überhaupt und keines so wirksam wie die Fos leistet.

Aber ich erinnere daran, daß auch bei uns jede politische und jede differenzierte Diskussion über das Problem Terrorismus und politische Gefangene unheimlich tabuiert ist und schnellstens als Sympathisantentum verfolgt wird. Jede deutschsprachige Inszenierung sollte, unter maximaler Respektierung des Fo'schen Textes, zumindest die darin liegende Brisanz des Stückes herausarbeiten.

Das wird nicht auf Kosten des Stückes gehen, wenn man Komödie nicht mit Klamotte verwechselt. Auch in einer Komödie darf es dem Zuschauer zuweilen kalt den Rücken runterlaufen, und das schönste Lachen taugt nichts, wenn es einem nicht mal im Halse steckenbleibt.

Peter O. Chotjewitz

Anmerkungen

1 *Sprachspiel mit dem Namen des derzeitigen Papstes Woytila und einer in Italien bekannten Comic-Figur.*

2 *Dario Fo in »Clacson trombette e pernacchie«, Edizione F.R. La Comune, Mailand 1981, herausgegeben von Franca Rame. »Der Hohn der Angst« – auf italienisch: »Lo sghignazzo della paura« – erschien zuerst unter jenem Titel, der später von Fo selber geändert wurde.*

3 *zitiert nach L'Espresso, No. 3, 27. Jahrgang, 25. Januar 1981, Seite 11.*

4 *Walter Mossmann: Es steht schlecht um das Monstrum, wenn es schon Liebesschwüre verlangt . . . in: Nicht heimlich und nicht kühl, Seite 21, Ästhetik und Kommunikationsverlags GmbH, Westberlin 1977.*

5 *zitiert nach L'Eco di Bergamo (das Echo von Bergamo) vom 18. Januar 1981.*

6 *Der Name der Gefängnisinsel Asinara wird hier als Begriff für einen bestimmten, menschenverachtenden Knasttypus auf das Gefängnis von Trani angewandt.*

[7] *sämtliche Zitate aus den genannten Zeitungen vom 17. und 18. Januar 1981.*
[8] *zitiert nach der sozialdemokratischen Parteizeitung L'Umanità vom 18. Januar 1981.*
[9] *vgl. L'Unità vom 27. Januar 1981.*
[10] *Il Manifesto vom 18. Januar 1981.*
[11] *zitiert nach L'Avvenire vom 20. Januar 1981.*
[12] *Als Partei der Festigkeit – partito della fermezza – bezeichnet man in Italien alle jene, die sich von Fall zu Fall dafür einsetzen, terroristischen Forderungen nicht nachzugeben.*
[13] *Dario Fo, aaO. Seite 98, vgl. Fußnote 2.*
[14] *zitiert nach Il Manifesto vom 25. Januar 1981.*
[15] *zitiert nach Il Giornale D'Italia vom 26. Januar 1981.*
[16] *Paese Sera vom 24. Januar 1981.*
[17] *zitiert nach Il Tempo vom 24. Januar 1981.*
[18] *Dario Fo aaO. Seite 98, vgl. Fußnote 2.*
[19] *Dario Fo aaO. Seite 98/99, vgl. auch Fußnote 2.*
[20] *zitiert nach Corriere della Sera vom 25. Januar 1981.*
[21] *Corriere della Sera vom 24. Januar 1981.*
[22] *Il Giornale D'Italia vom 26. Januar 1981.*
[23] *Dario Fo aaO. Seite 100, vgl. auch Fußnote 2.*
[24] *Il Giornale D'Italia vom 27. Januar 1981.*

Franca Rame und Dario Fo

im Rotbuchprogramm

Franca Rame
Dario Fo *Nur Kinder, Küche, Kirche*
Rotbuch Taschenbuch 6

Dario Fo *Bezahlt wird nicht*
Rotbuch Taschenbuch 18

Franca Rame
Dario Fo *Offene Zweierbeziehung*
Eine Mutter
Die Vergewaltigung
Drei Stücke und eine Nachbemerkung zu Franca Rame
Rotbuch Taschenbuch 29

Dario Fo *Ruhe wir stürzen ab*
Rotbuch Taschenbuch 57

Dario Fo *Einer für alle, alle für einen! Verzeihung, wer ist hier eigentlich der Boß?*
Zufälliger Tod eines Anarchisten
Rotbuch 188

Dario Fo *Hohn der Angst*
Eine Farce über die Entführung einer hochgestellten Persönlichkeit
Rotbuch 252

Dario Fo *Elisabetta*
Isabella, drei Karavellen und ein Scharlatan
Rotbuch 316

Dario Fo *Er hatte zwei Pistolen und seine Augen waren schwarz und weiß*
Komödie in drei Akten
Rotbuch Taschenbuch 331

Dario Fo *Mama hat den besten Shit*
Rotbuch Taschenbuch 7

Rotbuch 108	*Geschichten aus der Produktion 1*
Stücke	Der Lohndrücker, Die Korrektur (2 Fassungen), Der Bau, Herakles 5
Prosa	Bericht vom Großvater
Gedichte	Bericht vom Anfang, L. E. oder Das Loch im Strumpf
Lektionen	Zwei Briefe, Brecht, Film, Majakowski, Oder Büchner. – Diskussionen über Die Korrektur, Der Bau
Rotbuch 126	*Geschichten aus der Produktion 2*
Stücke	Traktor, Prometheus, Zement
Prosa	Liebesgeschichte
Gedichte	Bilder. – Bemerkungen zu Prometheus, Zement
Rotbuch 134	*Die Umsiedlerin oder Das Leben auf dem Lande*
Stücke	Die Schlacht Medeaspiel, Die Bauern (Die Umsiedlerin oder Das Leben auf dem Lande)
Lektionen	Fleischer und Frau, Horaz Satiren, Geschichten von Homer, Horaz, Ulyss, Lektion, Selbstbildnis zwei Uhr nachts am 20. August 1959, Projektion 1957
Rotbuch 142	*Theater-Arbeit*
Stücke	Glücksgott, Drachenoper, Horizonte, Weiberkomödie
Texte zum Theater	Sechs Punkte zur Oper, Stellasonett, Elektratext, Froschkönig, Ein Diskussionsbeitrag, Über den Dramatiker Stefan Schütz, Ein Brief
Rotbuch 176	*Germania Tod in Berlin*
Stücke	Germania Tod in Berlin
Gedichte und Prosa	ABC, Und zwischen ABC und Einmaleins, Das eiserne Kreuz, Die Bauern standen mit dem Rücken, Hundert Schritt, Schotterbek, Philoktet 1950, Der Vater, Allein mit diesen Leibern, E. L., Gestern an einem sonnigen Nachmittag, Todesanzeige. *Ausreisen*

Rotbuch 184	*Mauser*
Stücke	Philoktet, Ödipus-Kommentar, Der Horatier, Hamletmaschine. Mit Materialien
Rotbuch 270	*Herzstück*
Stücke	Herzstück, Leben Gundlings Friedrich von Preußen Lessings Schlaf Traum Schrei, Der Auftrag, Quartett, Verkommenes Ufer Medeamaterial Landschaft mit Argonauten
Materialien	zu Gundling und Quartett, Brief an den Regisseur der bulgarischen Erstaufführung von Philoktet
Rotbuch 290	*Shakespeare Factory 1*
Stücke	Bildbeschreibung, Wie es Euch gefällt, Macbeth, Waldstück, Wolokolamsker Chaussee I
Rotbuch 291	*Shakespeare Factory 2*
Stücke	Hamlet, Anatomie Titus Fall of Rome, Wolokolamsker Chaussee II-IV
Materialien	Shakespeare eine Differenz, Die Wunde Woyzeck, Ein Leben ohne Maske und ein Feuer im Garten
Rotbuch 336	*Kopien 1*
Stücke	Molière, Don Juan oder der steinerne Gast; Molière, Der Arzt wider Willen; Lu Hsün, Der Misanthrop
Rotbuch 337	*Kopien 2*
Stücke	Tschechow, Die Möwe; Suchowo-Kobylin, Tarelkins Tod; Majakowski, Wladimir Majakowski Tragödie